TRANZLATY

La lingua è per tutti

Jazyk je pre každého

Il richiamo della foresta

Volanie divočiny

Jack London

Italiano / Slovenčina

Nel primitivo
Do primitívu

Buck non leggeva i giornali.

Buck nečítal noviny.

Se avesse letto i giornali avrebbe saputo che i guai si stavano avvicinando.

Keby si bol prečítal noviny, vedel by, že sa schyľuje k problémom.

Non erano guai solo per lui, ma per tutti i cani da caccia.

Problémy to nemal len on sám, ale každý pes loviaci prílivom a odlivom.

Ogni cane con muscoli forti e pelo lungo e caldo sarebbe stato nei guai.

Každý pes so silnými svalmi a teplou, dlhou srsťou bude mať problém.

Da Puget Bay a San Diego nessun cane poteva sfuggire a ciò che stava per accadere.

Od Puget Bay po San Diego sa žiadny pes nemohol vyhnúť tomu, čo malo prísť.

Gli uomini, brancolando nell'oscurità artica, avevano trovato un metallo giallo.

Muži, tápajúci v arktickej tme, našli žltý kov.

Le compagnie di navigazione a vapore e di trasporto erano alla ricerca della scoperta.

Parníky a dopravné spoločnosti sa za objavom usilovali.

Migliaia di uomini si riversarono nel Nord.

Tisíce mužov sa rútili do Severnej zeme.

Questi uomini volevano dei cani, e i cani che volevano erano cani pesanti.

Títo muži chceli psy a psy, ktoré chceli, boli ťažké psy.

Cani dotati di muscoli forti per lavorare duro.

Psy so silnými svalmi, s ktorými sa dajú namáhať.

Cani con il pelo folto che li protegge dal gelo.

Psy s chlpatou srsťou, ktorá ich chráni pred mrazom.

Buck viveva in una grande casa nella soleggiata Santa Clara Valley.

Buck býval vo veľkom dome v slnkom zaliatom údolí Santa Clara.

La casa del giudice Miller era chiamata così.

Volal sa sudca Millerov dom.

La sua casa era nascosta tra gli alberi, lontana dalla strada.

Jeho dom stál v ústraní od cesty, napoly skrytý medzi stromami.

Si poteva intravedere l'ampia veranda che circondava la casa.

Bolo možné zazrieť širokú verandu, ktorá sa tiahne okolo domu.

Si accedeva alla casa tramite vialetti ghiaiosi.

K domu sa blížilo po štrkových príjazdových cestách.

I sentieri si snodavano attraverso ampi prati.

Chodníky sa kľukatili cez rozľahlé trávniky.

In alto si intrecciavano i rami degli alti pioppi.

Nad hlavou sa prepletali konáre vysokých topoľov.

Nella parte posteriore della casa le cose erano ancora più spaziose.

V zadnej časti domu to bolo ešte priestrannejšie.

C'erano grandi scuderie, dove una dozzina di stallieri chiacchieravano

Boli tam veľké stajne, kde sa rozprávalo tucet podkoníchov

C'erano file di cottage per i servi ricoperti di vite

Boli tam rady viničom obložených služobníckych domčekov

E c'era una serie infinita e ordinata di latrine

A bola tam nekonečná a usporiadaná škála prístavieb

Lunghi pergolati d'uva, pascoli verdi, frutteti e campi di bacche.

Dlhé viničové arbory, zelené pastviny, sady a bobuľové záhrady.

Poi c'era l'impianto di pompaggio per il pozzo artesiano.

Potom tu bola čerpacia stanica pre artézsku studňu.

E c'era la grande cisterna di cemento piena d'acqua.

A tam bola veľká cementová nádrž naplnená vodou.

Qui i ragazzi del giudice Miller hanno fatto il loro tuffo mattutino.

Tu sa chlapci sudcu Millera ranne ponorili do vody.

E lì si rinfrescavano anche nel caldo pomeriggio.

A ochladili sa tam aj v horúcom popoludní.

E su questo grande dominio, Buck era colui che lo governava tutto.

A nad touto veľkou doménou vládol Buck.

Buck nacque su questa terra e visse qui tutti i suoi quattro anni.

Buck sa narodil na tejto zemi a žil tu všetky svoje štyri roky.

C'erano effettivamente altri cani, ma non avevano molta importanza.

Síce tam boli aj iné psy, ale tie v skutočnosti neboli dôležité.

In un posto vasto come questo ci si aspettava la presenza di altri cani.

Na takom rozľahlom mieste sa očakávali aj iné psy.

Questi cani andavano e venivano oppure vivevano nei canili affollati.

Tieto psy prichádzali a odchádzali, alebo žili v rušných kotercoch.

Alcuni cani vivevano nascosti in casa, come Toots e Ysabel.

Niektoré psy žili schované v dome, ako napríklad Toots a Ysabel.

Toots era un carlino giapponese, Ysabel una cagnolina messicana senza pelo.

Toots bol japonský mops, Ysabel mexická bezsrstá pes.

Queste strane creature raramente uscivano di casa.

Tieto zvláštne stvorenia len zriedka vyšli z domu.

Non toccarono terra né annusarono l'aria esterna.

Nedotkli sa zeme, ani neoňuchali čerstvý vzduch vonku.

C'erano anche i fox terrier, almeno una ventina.

Boli tam aj foxteriéry, najmenej dvadsať.

Questi terrier abbaiavano ferocemente a Toots e Ysabel in casa.

Tieto teriéry zúrivo štekali na Tootsa a Ysabel vo vnútri.

Toots e Ysabel rimasero dietro le finestre, al sicuro da ogni pericolo.

Toots a Ysabel zostali za oknami, v bezpečí pred nebezpečenstvom.

Erano sorvegliati da domestiche armate di scope e stracci.

Strážili ich slúžky s metlami a mopmi.

Ma Buck non era un cane da casa e nemmeno da canile.

Ale Buck nebol domáci pes a nebol ani pes do búdy.

L'intera proprietà apparteneva a Buck come suo legittimo regno.

Celý majetok patril Buckovi ako jeho právoplatné kráľovstvo.

Buck nuotava nella vasca o andava a caccia con i figli del giudice.

Buck plával v nádrži alebo chodil na poľovačku so sudcovými synmi.

Camminava con Mollie e Alice nelle prime ore del mattino o tardi.

Prechádzal sa s Mollie a Alice v skorých alebo skorých ranných hodinách.

Nelle notti fredde si sdraiava davanti al fuoco della biblioteca insieme al giudice.

Za chladných nocí ležal so sudcom pred krbom v knižnici.

Buck accompagnava i nipoti del giudice sulla sua robusta schiena.

Buck vozil sudcových vnukov na svojom silnom chrbte.

Si rotolava nell'erba insieme ai ragazzi, sorvegliandoli da vicino.

Váľal sa s chlapcami v tráve a pozorne ich strážil.

Si avventurarono fino alla fontana e addirittura oltre i campi di bacche.

Odvážili sa k fontáne a dokonca aj okolo jahodových polí.

Tra i fox terrier, Buck camminava sempre con orgoglio regale.

Medzi foxteriérmi sa Buck vždy prechádzal s kráľovskou hrdosťou.

Ignorò Toots e Ysabel, trattandoli come se fossero aria.

Ignoroval Tootsa a Ysabel a správal sa k nim, akoby boli vzduch.

Buck governava tutte le creature viventi sulla terra del giudice Miller.

Buck vládol nad všetkými živými tvormi na pozemku sudcu Millera.

Dominava gli animali, gli insetti, gli uccelli e perfino gli esseri umani.

Vládol nad zvieratami, hmyzom, vtákmi a dokonca aj ľuďmi.

Il padre di Buck, Elmo, era un enorme e fedele San Bernardo.

Buckov otec Elmo bol obrovský a verný svätý Bernard.

Elmo non si allontanò mai dal Giudice e lo servì fedelmente.

Elmo nikdy neopustil sudcov bok a verne mu slúžil.

Buck sembrava pronto a seguire il nobile esempio del padre.

Buck sa zdal byť pripravený nasledovať ušľachtilý príklad svojho otca.

Buck non era altrettanto grande: pesava sessanta chili.

Buck nebol až taký veľký, vážil sto štyridsať libier.

Sua madre, Shep, era una splendida cagnolina da pastore scozzese.

Jeho matka, Shep, bola vynikajúci škótsky ovčiak.

Ma nonostante il suo peso, Buck camminava con una presenza regale.

Ale aj pri tej váhe Buck kráčal s kráľovskou eleganciou.

Ciò derivava dal buon cibo e dal rispetto che riceveva sempre.

Pramenilo to z dobrého jedla a úcty, ktorej sa mu vždy dostávalo.

Per quattro anni Buck aveva vissuto come un nobile viziato.

Štyri roky žil Buck ako rozmaznaný šľachtic.

Era orgoglioso di sé stesso e perfino un po' egocentrico.

Bol na seba hrdý a dokonca trochu egoistický.

Quel tipo di orgoglio era comune tra i signori delle campagne remote.

Takýto druh hrdosti bol bežný u odľahlých vidieckych pánov.

Ma Buck si salvò dal diventare un cane domestico viziato.

Ale Buck sa zachránil pred tým, aby sa nestal rozmaznaným domácim psom.

Rimase snello e forte grazie alla caccia e all'esercizio fisico.

Vďaka lovu a cvičeniu zostal štíhly a silný.

Amava profondamente l'acqua, come chi si bagna nei laghi freddi.

Hlboko miloval vodu, ako ľudia, ktorí sa kúpu v studených jazerách.

Questo amore per l'acqua mantenne Buck forte e molto sano.

Táto láska k vode udržiavala Bucka silného a veľmi zdravého.

Questo era il cane che Buck era diventato nell'autunno del 1897.

Toto bol pes, ktorým sa Buck stal na jeseň roku 1897.

Quando lo sciopero del Klondike spinse gli uomini verso il gelido Nord.

Keď útok na Klondike stiahol mužov na zamrznutý sever.

Da ogni parte del mondo la gente accorse in massa verso la fredda terra.

Ľudia z celého sveta sa hrnuli do chladnej krajiny.

Buck, tuttavia, non leggeva i giornali e non capiva le notizie.

Buck však nečítal noviny ani nerozumel správam.

Non sapeva che Manuel fosse una persona cattiva con cui stare.

Nevedel, že Manuel je zlý človek.

Manuel, che aiutava in giardino, aveva un grosso problema.

Manuel, ktorý pomáhal v záhrade, mal vážny problém.

Manuel era dipendente dal gioco d'azzardo alla lotteria cinese.

Manuel bol závislý na hazardných hrách v čínskej lotérii.

Credeva fermamente anche in un sistema fisso per vincere.

Tiež silne veril v pevný systém víťazstva.

Questa convinzione rese il suo fallimento certo e inevitabile.

Táto viera robila jeho zlyhanie istým a nevyhnutným.

Per giocare con un sistema erano necessari soldi, soldi che a Manuel mancavano.

Hranie systémom si vyžaduje peniaze, ktoré Manuelovi chýbali.

Il suo stipendio bastava a malapena a sostenere la moglie e i numerosi figli.

Jeho plat ledva uživil jeho manželku a mnoho detí.

La notte in cui Manuel tradì Buck, tutto era normale.

V noc, keď Manuel zradil Bucka, bolo všetko normálne.

Il giudice si trovava a una riunione dell'Associazione dei coltivatori di uva passa.

Sudca bol na stretnutí Združenia pestovateľov hrozienok.

A quel tempo i figli del giudice erano impegnati a fondare un club sportivo.

Sudcovi synovia boli vtedy zaneprázdnení zakladaním atletického klubu.

Nessuno vide Manuel e Buck uscire dal frutteto.

Nikto nevidel Manuela a Bucka odchádzať cez sad.

Buck pensava che questa fosse solo una semplice passeggiata notturna.

Buck si myslel, že táto prechádzka bola len obyčajná nočná prechádzka.

Incontrarono un solo uomo alla stazione della bandiera, a College Park.

Na vlajkovej stanici v College Parku stretli iba jedného muža.

Quell'uomo parlò con Manuel e si scambiarono i soldi.

Ten muž sa rozprával s Manuelom a vymenili si peniaze.

"Imballa la merce prima di consegnarla", suggerì.

„Zabaľte tovar predtým, ako ho doručíte," navrhol.

La voce dell'uomo era roca e impaziente mentre parlava.

Mužov hlas bol drsný a netrpezlivý, keď hovoril.

Manuel legò con cura una corda spessa attorno al collo di Buck.

Manuel opatrne uviazal Buckovi okolo krku hrubé lano.

"Se giri la corda, lo strangolerai di brutto"

„Otoč lano a poriadne ho uškrtíš."

Lo straniero emise un grugnito, dimostrando di aver capito bene.

Cudzinec zamrmlal, čím ukázal, že dobre rozumie.

Quel giorno Buck accettò la corda con calma e silenziosa dignità.

Buck v ten deň prijal lano s pokojom a tichou dôstojnosťou.

Era un atto insolito, ma Buck si fidava degli uomini che conosceva.

Bol to nezvyčajný čin, ale Buck dôveroval mužom, ktorých poznal.

Credeva che la loro saggezza andasse ben oltre il suo pensiero.

Veril, že ich múdrosť ďaleko presahuje jeho vlastné myslenie.

Ma poi la corda venne consegnata nelle mani dello straniero.

Ale potom bolo lano podané do rúk cudzinca.

Buck emise un ringhio basso che suonava come un avvertimento e una minaccia silenziosa.

Buck potichu zavrčal, varujúc ho tichou hrozbou.

Era orgoglioso e autoritario e intendeva mostrare il suo disappunto.

Bol hrdý a panovačný a chcel dať najavo svoju nespokojnosť.

Buck credeva che il suo avvertimento sarebbe stato interpretato come un ordine.

Buck veril, že jeho varovanie bude chápané ako rozkaz.

Con suo grande stupore, la corda si strinse rapidamente attorno al suo grosso collo.

Na jeho prekvapenie sa lano rýchlo utiahlo okolo jeho hrubého krku.

Gli mancò l'aria e cominciò a lottare in preda a una rabbia improvvisa.

Zastavil sa mu dýchanie a v náhlom zúrivosti sa začal brániť.

Si lanciò verso l'uomo, che si lanciò rapidamente contro Buck a mezz'aria.

Skočil na muža, ktorý sa rýchlo stretol s Buckom vo vzduchu.

L'uomo afferrò Buck per la gola e lo fece ruotare abilmente in aria.

Muž chytil Bucka za hrdlo a šikovne ním skrútil vo vzduchu.

Buck venne scaraventato a terra con violenza, atterrando sulla schiena.

Bucka prudko zhodili na zem a dopadol na chrbát.

La corda ora lo strangolava crudelmente mentre lui scalciava selvaggiamente.

Lano ho teraz kruto škrtilo, zatiaľ čo divoko kopal.

La sua lingua cadde fuori, il suo petto si sollevò, ma non riprese fiato.

Jazyk mu vypadol, hruď sa mu dvíhala, ale nenadýchol sa.

Non era mai stato trattato con tanta violenza in vita sua.

V živote sa s ním nikdy nezaobchádzalo s takouto násilnosťou.

Non era mai stato così profondamente invaso da una rabbia così profonda.

Tiež ho nikdy predtým nenaplnil taký hlboký hnev.

Ma il potere di Buck svanì e i suoi occhi diventarono vitrei.

Ale Buckova sila vyprchala a jeho oči sa zasklili.

Svenne proprio mentre un treno veniva fermato lì vicino.

Omdlel práve vo chvíli, keď neďaleko zastavil vlak.

Poi i due uomini lo caricarono velocemente nel vagone bagagli.

Potom ho tí dvaja muži rýchlo hodili do batožinového vagóna.

La cosa successiva che Buck sentì fu dolore alla lingua gonfia.

Ďalšia vec, ktorú Buck pocítil, bola bolesť v opuchnutom jazyku.

Si muoveva su un carro traballante, solo vagamente cosciente.

Pohyboval sa v trasúcom sa vozíku a bol len matne pri vedomí.

Il fischio acuto di un treno rivelò a Buck la sua posizione.

Ostré zapískanie vlakovej píšťalky prezradilo Buckovi, kde sa nachádza.

Aveva spesso cavalcato con il Giudice e conosceva quella sensazione.

Často jazdil so Sudcom a poznal ten pocit.

Fu un'esperienza unica viaggiare di nuovo in un vagone bagagli.

Bol to opäť ten jedinečný pocit cestovania v batožinovom vagóne.

Buck aprì gli occhi e il suo sguardo ardeva di rabbia.

Buck otvoril oči a jeho pohľad horel zúrivosťou.

Questa era l'ira di un re orgoglioso detronizzato.

To bol hnev pyšného kráľa, ktorý bol zosadený z trónu.

Un uomo allungò la mano per afferrarlo, ma Buck colpì per primo.

Muž sa natiahol, aby ho chytil, ale Buck ho namiesto toho udrel prvý.

Affondò i denti nella mano dell'uomo e la strinse forte.

Zaryl zuby do mužovej ruky a pevne ju držal.

Non mi lasciò andare finché non svenne per la seconda volta.

Nepustil ho, kým druhýkrát nestratil vedomie.

"Sì, ha degli attacchi", borbottò l'uomo al facchino.

„Áno, má záchvaty," zamrmlal muž batožinárovi.

Il facchino aveva sentito la colluttazione e si era avvicinato.

Doručovateľ batožiny počul zápas a priblížil sa.

"Lo porto a Frisco per conto del capo", spiegò l'uomo.

„Beriem ho do Frisca kvôli šéfovi," vysvetlil muž.

"C'è un bravo dottore per cani che dice di poterli curare."

„Je tam jeden dobrý psí lekár, ktorý hovorí, že ich vie vyliečiť."

Più tardi quella notte l'uomo raccontò la sua versione completa.

Neskôr v tú noc muž podal svoju vlastnú úplnú správu.

Parlava da un capannone dietro un saloon sul molo.

Hovoril z kôlne za salónom na dokoch.

"Mi hanno dato solo cinquanta dollari", si lamentò con il gestore del saloon.

„Dostal som len päťdesiat dolárov," sťažoval sa predavačovi v salóne.

"Non lo rifarei, nemmeno per mille dollari in contanti."

„Neurobil by som to znova, ani za tisícku v hotovosti."

La sua mano destra era strettamente avvolta in un panno insanguinato.

Jeho pravá ruka bola pevne omotaná krvavou handričkou.

La gamba dei suoi pantaloni era completamente strappata dal ginocchio al piede.

Jeho nohavice boli roztrhnuté od kolena až po päty.

"Quanto è stato pagato l'altro tizio?" chiese il gestore del saloon.

„Koľko dostal ten druhý hrnček?" spýtal sa predavač v salóne.

«Cento», rispose l'uomo, «non ne accetterebbe uno in meno».

„Sto," odpovedal muž, „nevezme si ani cent menej."

"Questo fa centocinquanta", disse il gestore del saloon.

„To je spolu stopäťdesiat," povedal majiteľ salónu.

"E lui li merita tutti, altrimenti non sono meglio di uno stupido."

„A on za to všetko stojí, inak nie som o nič lepší ako hlupák."

L'uomo aprì gli involucri per esaminarsi la mano.

Muž otvoril obaly, aby si prezrel ruku.

La mano era gravemente graffiata e ricoperta di croste di sangue secco.

Ruka bola silne roztrhaná a pokrytá zaschnutou krvou.

"Se non mi viene l'idrofobia..." cominciò a dire.

„Ak nedostanem hydrofóbiu..." začal hovoriť.

"Sarà perché sei nato per impiccarti", giunse una risata.

„To bude preto, že si sa narodil na to, aby si visel," ozval sa smiech.

"Aiutami prima di partire", gli chiesero.

„Poď mi pomôcť, než pôjdeš," požiadali ho.

Buck era stordito dal dolore alla lingua e alla gola.

Buck bol ako omámený od bolesti v jazyku a hrdle.

Era mezzo strangolato e riusciva a malapena a stare in piedi.

Bol napoly uškrtený a ledva sa udržal na nohách.

Ciononostante, Buck cercò di affrontare gli uomini che lo avevano ferito così duramente.

Buck sa však snažil čeliť mužom, ktorí mu tak ublížili.

Ma lo gettarono a terra e lo strangolarono ancora una volta.

Ale zhodili ho na zem a znova ho uškrtili.

Solo allora riuscirono a segargli il pesante collare di ottone.

Až potom mu mohli odpíliť ťažký mosadzný golier.

Tolsero la corda e lo spinsero in una cassa.

Odstránili lano a natlačili ho do debny.

La cassa era piccola e aveva la forma di una gabbia di ferro grezza.

Debna bola malá a mala tvar hrubej železnej klietky.

Buck rimase lì per tutta la notte, pieno di rabbia e di orgoglio ferito.

Buck tam ležal celú noc, plný hnevu a zranenej hrdosti.

Non riusciva nemmeno a capire cosa gli stesse succedendo.

Nedokázal začať chápať, čo sa s ním deje.

Perché quegli strani uomini lo tenevano in quella piccola cassa?

Prečo ho títo zvláštni muži držali v tejto malej debne?

Cosa volevano da lui e perché questa crudele prigionia?

Čo s ním chceli a prečo toto kruté zajatie?

Sentì una pressione oscura e la sensazione che il disastro si avvicinasse.

Cítil temný tlak; pocit blížiacej sa katastrofy.

Era una paura vaga, ma si impadronì pesantemente del suo spirito.

Bol to neurčitý strach, ale ťažko ho zasiahol.

Diverse volte sobbalzò quando la porta del capanno sbatteva.

Niekoľkokrát vyskočil, keď zatraskli dvere kôlne.

Si aspettava che il giudice o i ragazzi apparissero e lo salvassero.

Očakával, že sa objaví sudca alebo chlapci a zachránia ho.

Ma ogni volta solo la faccia grassa del gestore del saloon faceva capolino all'interno.

Ale zakaždým nakukla dnu iba tučná tvár majiteľa salónu.

Il volto dell'uomo era illuminato dalla debole luce di una candela di sego.

Mužovu tvár osvetľovalo slabé svetlo lojovej sviečky.

Ogni volta, il latrato gioioso di Buck si trasformava in un ringhio basso e arrabbiato.

Buckovo radostné štekanie sa zakaždým zmenilo na tiché, nahnevané vrčanie.

Il gestore del saloon lo ha lasciato solo per la notte nella cassa

Prevádzkovateľ salónu ho nechal na noc samého v klietke.

Ma quando si svegliò la mattina seguente, altri uomini stavano arrivando.

Ale keď sa ráno zobudil, prichádzali ďalší muži.

Arrivarono quattro uomini e, con cautela, sollevarono la cassa senza dire una parola.

Prišli štyria muži a bez slova opatrne zdvihli debnu.

Buck capì subito in quale situazione si trovava.

Buck si hneď uvedomil, v akej situácii sa nachádza.

Erano ulteriori tormentatori che doveva combattere e temere.

Boli ďalšími mučiteľmi, s ktorými musel bojovať a ktorých sa musel báť.

Questi uomini apparivano malvagi, trasandati e molto mal curati.

Títo muži vyzerali zlomyseľne, otrhane a veľmi zle upravene.

Buck ringhiò e si lanciò contro di loro con furia attraverso le sbarre.

Buck zavrčal a zúrivo sa na nich vrhol cez mreže.

Si limitarono a ridere e a colpirlo con lunghi bastoni di legno.

Len sa smiali a bodali doňho dlhými drevenými palicami.

Buck morse i bastoncini, poi capì che era quello che gli piaceva.

Buck zahryzol do palíc a potom si uvedomil, že to majú radi.

Così si sdraiò in silenzio, imbronciato e acceso da una rabbia silenziosa.

Tak si ticho ľahol, zachmúrený a horiaci tichým hnevom.

Caricarono la cassa su un carro e se ne andarono con lui.

Zdvihli debnu do voza a odviezli ho preč.

La cassa, con Buck chiuso dentro, cambiò spesso proprietario.

Debna s Buckom zamknutým vo vnútri často menila majiteľa.

Gli impiegati dell'ufficio espresso presero in mano la situazione e si occuparono di lui per un breve periodo.

Úradníci expresnej kancelárie sa ujali velenia a krátko sa s ním vysporiadali.

Poi un altro carro trasportò Buck attraverso la rumorosa città.

Potom ďalší voz viezol Bucka cez hlučné mesto.

Un camion lo portò con sé scatole e pacchi su un traghetto.

Kamión ho spolu s krabicami a balíkmi naložil na trajekt.

Dopo l'attraversamento, il camion lo scaricò presso un deposito ferroviario.

Po prejdení cez cestu ho nákladné auto vyložilo na železničnej stanici.

Alla fine Buck venne fatto salire a bordo di un vagone espresso in attesa.

Nakoniec Bucka umiestnili do čakajúceho rýchlika.

Per due giorni e due notti i treni trascinarono via il vagone espresso.

Dva dni a noci vlaky odťahovali rýchlik.

Buck non mangiò né bevve durante tutto il doloroso viaggio.

Buck počas celej bolestivej cesty nejedol ani nepil.

Quando i messaggeri cercarono di avvicinarlo, lui ringhiò.

Keď sa k nemu rýchli poslovia pokúsili priblížiť, zavrčal.

Risposero prendendolo in giro e prendendolo in giro crudelmente.

Reagovali tým, že sa mu posmievali a kruto si ho doberali.

Buck si gettò contro le sbarre, schiumando e tremando

Buck sa vrhol na mreže, penil a triasol sa

risero sonoramente e lo presero in giro come i bulli della scuola.

hlasno sa smiali a posmievali sa mu ako školskí tyrani.

Abbaiavano come cani finti e agitavano le braccia.

Štekali ako falošné psy a mávali rukami.

Arrivarono persino a cantare come galli, solo per farlo arrabbiare ancora di più.

Dokonca kikiríkali ako kohúty, len aby ho ešte viac rozrušili.

Era un comportamento sciocco e Buck sapeva che era ridicolo.

Bolo to hlúpe správanie a Buck vedel, že je to smiešne.

Ma questo non fece altro che accrescere il suo senso di indignazione e vergogna.

Ale to len prehĺbilo jeho pocit rozhorčenia a hanby.

Durante il viaggio la fame non lo disturbò molto.

Počas cesty ho hlad veľmi netrápil.

Ma la sete portava con sé dolori acuti e sofferenze insopportabili.

Ale smäd prinášal ostrú bolesť a neznesiteľné utrpenie.

La sua gola secca e infiammata e la lingua bruciavano per il calore.

Suché, zapálené hrdlo a jazyk ho pálili od horúčavy.

Questo dolore alimentava la febbre che cresceva nel suo corpo orgoglioso.

Táto bolesť živila horúčku stúpajúcu v jeho hrdom tele.

Durante questa prova Buck fu grato per una sola cosa.

Buck bol počas tohto súdneho procesu vďačný za jednu jedinú vec.

Gli avevano tolto la corda dal grosso collo.

Lano mu bolo stiahnuté z hrubého krku.

La corda aveva dato a quegli uomini un vantaggio ingiusto e crudele.

Lano poskytlo týmto mužom nespravodlivú a krutú výhodu.

Ora la corda non c'era più e Buck giurò che non sarebbe mai più tornata.

Teraz bolo lano preč a Buck prisahal, že sa už nikdy nevráti.

Decise che nessuna corda gli sarebbe mai più passata intorno al collo.

Rozhodol sa, že mu už nikdy nebude ovinuté žiadne lano okolo krku.

Per due lunghi giorni e due lunghe notti soffrì senza cibo.

Dva dlhé dni a noci trpel bez jedla.

E in quelle ore, accumulò dentro di sé una rabbia enorme.

A v tých hodinách v sebe nahromadil obrovský hnev.

I suoi occhi diventarono iniettati di sangue e selvaggi per la rabbia costante.

Jeho oči boli podliate krvou a divoké od neustáleho hnevu.

Non era più Buck, ma un demone con le fauci che schioccavano.

Už to nebol Buck, ale démon s cvakajúcimi čeľusťami.

Nemmeno il Giudice avrebbe potuto riconoscere questa folle creatura.

Ani sudca by tohto šialeného tvora nespoznal.

I messaggeri espressi tirarono un sospiro di sollievo quando giunsero a Seattle

Expresní poslovia si s úľavou vzdychli, keď dorazili do Seattlu

Quattro uomini sollevarono la cassa e la portarono in un cortile sul retro.

Štyria muži zdvihli debnu a odniesli ju na dvor.

Il cortile era piccolo, circondato da mura alte e solide.

Dvor bol malý, ohradený vysokými a pevnými múrmi.

Un uomo corpulento uscì dalla stanza con una scollatura larga e una camicia rossa.

Vyšiel z nej veľký muž v ovisnutej červenej košeli.

Firmò il registro delle consegne con una calligrafia spessa e decisa.

Doručovaciu knihu podpísal hrubým a tučným písmom.

Buck intuì subito che quell'uomo era il suo prossimo aguzzino.

Buck okamžite vycítil, že tento muž je jeho ďalším mučiteľom.

Si lanciò violentemente contro le sbarre, con gli occhi rossi di rabbia.

Prudko sa vrhol na mreže, oči červené od zúrivosti.

L'uomo si limitò a sorridere amaramente e andò a prendere un'ascia.

Muž sa len temne usmial a išiel si priniesť sekerku.

Teneva anche una mazza nella sua grossa e forte mano destra.

Priniesol si aj palicu vo svojej hrubej a silnej pravej ruke.

"Lo porterai fuori adesso?" chiese l'autista preoccupato.

„Vyberiete ho teraz?" spýtal sa vodič znepokojene.

"Certo", disse l'uomo, infilando l'ascia nella cassa come se fosse una leva.

„Jasné," povedal muž a zapichol sekerku do debny ako páku.

I quattro uomini si dileguarono all'istante, saltando sul muro del cortile.

Štyria muži sa okamžite rozpŕchli a vyskočili na múr dvora.

Dai loro punti sicuri in alto, aspettavano di ammirare lo spettacolo.

Zo svojich bezpečných miest hore čakali, kým uvidia túto podívanú.

Buck si lanciò contro il legno scheggiato, mordendolo e scuotendolo violentemente.

Buck sa vrhol na rozštiepené drevo, hrýzol a prudko sa triasol.

Ogni volta che l'ascia colpiva la gabbia, Buck era lì pronto ad attaccarla.

Zakaždým, keď sekerka zasiahla klietku, Buck bol tam, aby na ňu zaútočil.

Ringhiò e schioccò le dita in preda a una rabbia selvaggia, desideroso di essere liberato.

Vrčal a štekal divokou zúrivosťou, dychtivý po oslobodení.

L'uomo all'esterno era calmo e fermo, concentrato sul suo compito.

Muž vonku bol pokojný a vyrovnaný, sústredený na svoju úlohu.

"Bene allora, diavolo dagli occhi rossi", disse quando il buco fu grande.

„Dobre teda, ty červenooký diabol,“ povedal, keď sa diera zväčšila.

Lasciò cadere l'ascia e prese la mazza nella mano destra.

Pustil sekerku a vzal palicu do pravej ruky.

Buck sembrava davvero un diavolo: aveva gli occhi iniettati di sangue e fiammeggianti.

Buck naozaj vyzeral ako diabol; oči mal podliate krvou a horeli.

Il suo pelo si rizzò, la schiuma gli salì alla bocca e gli occhi brillarono.

Srsť sa mu ježila, z úst sa mu tvorila pena a oči sa mu leskli.

Lui tese i muscoli e si lanciò dritto verso il maglione rosso.

Napol svaly a vrhol sa priamo na červený sveter.

Centoquaranta libbre di furia si riversarono sull'uomo calmo.

Na pokojného muža vyletelo stoštyridsať libier zúrivosti.

Un attimo prima che le sue fauci si chiudessero, un colpo terribile lo colpì.

Tesne predtým, ako zovrel čeľuste, ho zasiahla hrozná rana.

I suoi denti si schioccarono insieme solo sull'aria
Jeho zuby cvakali len o vzduch
una scossa di dolore gli risuonò nel corpo
telom mu prešiel záblesk bolesti
Si capovolse a mezz'aria e cadde sulla schiena e su un fianco.
Prevrátil sa vo vzduchu a zrútil sa na chrbát a bok.
Non aveva mai sentito prima un colpo di mazza e non riusciva a sostenerlo.
Nikdy predtým necítil úder palicou a nevedel ho uchopiť.
Con un ringhio acuto, in parte abbaio, in parte urlo, saltò di nuovo.
S prenikavým zavrčaním, čiastočne štekaním, čiastočne krikom, znova skočil.
Un altro colpo violento lo colpì e lo scaraventò a terra.
Zasiahol ho ďalší brutálny úder a zhodil ho na zem.
Questa volta Buck capì: era la pesante clava dell'uomo.
Tentoraz Buck pochopil – bola to mužova ťažká palica.
Ma la rabbia lo accecò e non pensò minimamente di ritirarsi.
Ale zúrivosť ho oslepila a na ústup nepomyslel.
Dodici volte si lanciò e dodici volte cadde.
Dvanásťkrát sa vrhol a dvanásťkrát spadol.
La mazza di legno lo colpiva ogni volta con una forza spietata e schiacciante.
Drevená palica ho zakaždým rozdrvila s nemilosrdnou, drvivou silou.
Dopo un colpo violento, si rialzò barcollando, stordito e lento.
Po jednom prudkom údere sa potácal na nohy, omámený a pomalý.
Il sangue gli colava dalla bocca, dal naso e perfino dalle orecchie.
Z úst, nosa a dokonca aj z uší mu tiekla krv.
Il suo mantello, un tempo bellissimo, era imbrattato di schiuma insanguinata.
Jeho kedysi krásny kabát bol zašpinený krvavou penou.
Poi l'uomo si fece avanti e gli sferrò un violento colpo al naso.

Potom muž pristúpil a zasadil mu poriadny úder do nosa.

L'agonia fu più acuta di qualsiasi cosa Buck avesse mai provato.

Bolesť bola prudšia než čokoľvek, čo Buck kedy cítil.

Con un ruggito più da bestia che da cane, balzò di nuovo all'attacco.

S revom, skôr zvieracím ako psím, znova skočil do útoku.

Ma l'uomo gli afferrò la mascella inferiore e la torse all'indietro.

Ale muž ho chytil za spodnú čeľusť a skrútil ju dozadu.

Buck si girò a testa in giù e cadde di nuovo violentemente al suolo.

Buck sa prevrátil cez uši a znova tvrdo spadol.

Un'ultima volta, Buck si lanciò verso di lui, ormai a malapena in grado di reggersi in piedi.

Buck sa naňho naposledy vrhol, sotva dokázal stáť na nohách.

L'uomo colpì con sapiente tempismo, sferrando il colpo finale.

Muž udrel s expertným načasovaním a zasadil posledný úder.

Buck crollò a terra, privo di sensi e immobile.

Buck sa zrútil na kôpku, v bezvedomí a nehybne.

"Non è uno stupido ad addestrare i cani, ecco cosa dico io", urlò un uomo.

„Nie je to žiadny blázon v lámaní psov, to hovorím ja,“ zakričal muž.

"Druther può spezzare la volontà di un segugio in qualsiasi giorno della settimana."

„Druther dokáže zlomiť vôľu psa hocikedy.“

"E due volte di domenica!" aggiunse l'autista.

„A dvakrát v nedeľu!“ dodal vodič.

Salì sul carro e tirò le redini per partire.

Vyliezol do voza a štipol opraty, aby odišiel.

Buck riprese lentamente il controllo della sua coscienza

Buck pomaly znovu nadobúdal kontrolu nad svojím vedomím.

ma il suo corpo era ancora troppo debole e rotto per muoversi.

ale jeho telo bolo stále príliš slabé a zlomené na to, aby sa pohol.

Rimase lì dove era caduto, osservando l'uomo con il maglione rosso.

Ležal tam, kde spadol, a sledoval muža v červenom svetri.

"Risponde al nome di Buck", disse l'uomo, leggendo ad alta voce.

„Reaguje na meno Buck," povedal muž a čítal nahlas.

Citò la nota inviata con la cassa di Buck e i dettagli.

Citoval zo správy, ktorá bola poslaná s Buckovou debnou a podrobnosťami.

"Bene, Buck, ragazzo mio", continuò l'uomo con tono amichevole,

„No, Buck, chlapče môj," pokračoval muž priateľským tónom,

"Abbiamo avuto il nostro piccolo litigio, e ora tra noi è finita."

„Mali sme našu malú hádku a teraz je medzi nami koniec."

"Tu hai imparato qual è il tuo posto, e io ho imparato qual è il mio", ha aggiunto.

„Naučil si sa, kde je tvoje miesto, a ja som sa naučil svoje," dodal.

"Sii buono e tutto andrà bene e la vita sarà piacevole."

„Buď dobrý a všetko pôjde dobre a život bude príjemný."

"Ma se sei cattivo, ti spaccherò a morte, capito?"

„Ale ak budeš zlý, zmlátim ťa na smrť, rozumieš?"

Mentre parlava, allungò la mano e accarezzò la testa dolorante di Buck.

Ako hovoril, natiahol ruku a pohladil Bucka po boľavej hlave.

I capelli di Buck si rizzarono al tocco dell'uomo, ma lui non oppose resistenza.

Buckovi sa pri mužovom dotyku zježili vlasy, ale nekládol odpor.

L'uomo gli portò dell'acqua e Buck la bevve a grandi sorsi.

Muž mu priniesol vodu, ktorú Buck pil veľkými dúškami.

Poi arrivò la carne cruda, che Buck divorò pezzo per pezzo.

Potom prišlo surové mäso, ktoré Buck hltal kus za kusom.

Sapeva di essere stato sconfitto, ma sapeva anche di non essere distrutto.

Vedel, že je porazený, ale vedel aj to, že nie je zlomený.

Non aveva alcuna possibilità contro un uomo armato di manganello.

Nemal šancu proti mužovi ozbrojenému kyjakom.

Aveva imparato la verità e non dimenticò mai quella lezione.

Poznal pravdu a na túto lekciu nikdy nezabudol.

Quell'arma segnò l'inizio della legge nel nuovo mondo di Buck.

Táto zbraň bola začiatkom práva v Buckovom novom svete.

Fu l'inizio di un ordine duro e primitivo che non poteva negare.

Bol to začiatok drsného, primitívneho poriadku, ktorý nemohol poprieť.

Accettò la verità: i suoi istinti selvaggi erano ormai risvegliati.

Prijal pravdu; jeho divoké inštinkty sa teraz prebudili.

Il mondo era diventato più duro, ma Buck lo affrontò coraggiosamente.

Svet sa stal drsnejším, ale Buck mu statočne čelil.

Affrontò la vita con una nuova cautela, astuzia e una forza silenziosa.

Život vítal s novou opatrnosťou, prefíkanosťou a tichou silou.

Arrivarono altri cani, legati con corde o gabbie, come era successo a Buck.

Prišli ďalšie psy, priviazané v lanách alebo v klietkach ako predtým Buck.

Alcuni cani procedevano con calma, altri si infuriavano e combattevano come bestie feroci.

Niektoré psy prišli pokojne, iné zúrili a bojovali ako divé zvery.

Tutti loro furono sottoposti al dominio dell'uomo con il maglione rosso.

Všetci boli podriadení mužovi v červenom svetri.

Ogni volta Buck osservava e vedeva svolgersi la stessa lezione.

Buck zakaždým sledoval a videl, ako sa odvíja tá istá lekcia.

L'uomo con la clava era la legge: un padrone a cui obbedire.

Muž s palicou bol zákon; pán, ktorého treba poslúchať.

Non era necessario che gli piacesse, ma che gli si obbedisse.

Nemusel byť obľúbený, ale musel byť poslúchnutý.

Buck non si è mai mostrato adulatore o scodinzolante come facevano i cani più deboli.

Buck sa nikdy nepodliezal ani nevŕtal ako slabšie psy.

Vide dei cani che erano stati picchiati e che continuavano a leccare la mano dell'uomo.

Videl zbité psy a napriek tomu olizovali mužovi ruku.

Vide un cane che non obbediva né si sottometteva affatto.

Videl jedného psa, ktorý vôbec neposlúchal ani sa nepodriadil.

Quel cane ha combattuto fino alla morte nella battaglia per il controllo.

Ten pes bojoval, až kým nebol zabitý v boji o kontrolu.

A volte degli sconosciuti venivano a trovare l'uomo con il maglione rosso.

Muža v červenom svetri niekedy prichádzali pozrieť cudzinci.

Parlavano con toni strani, supplicando, contrattando e ridendo.

Hovorili zvláštnym tónom, prosili, zjednávali a smiali sa.

Dopo aver scambiato i soldi, se ne andavano con uno o più cani.

Keď sa vymieňali peniaze, odišli s jedným alebo viacerými psami.

Buck si chiese dove andassero questi cani, perché nessuno faceva mai ritorno.

Buck sa čudoval, kam sa tieto psy podeli, pretože sa už nikto nevrátil.

la paura dell'ignoto riempiva Buck ogni volta che un uomo sconosciuto si avvicinava

Strach z neznámeho napĺňal Bucka vždy, keď prišiel cudzí muž

era contento ogni volta che veniva preso un altro cane, al posto suo.

Bol rád zakaždým, keď si vzali ďalšieho psa, a nie jeho samého.

Ma alla fine arrivò il turno di Buck con l'arrivo di uno strano uomo.

Ale nakoniec prišiel rad na Bucka s príchodom zvláštneho muža.

Era piccolo, nervoso e parlava un inglese stentato e imprecava.

Bol malý, šľachovitý a hovoril lámanou angličtinou a nadával.

"Sacredam!" urlò quando vide il corpo di Buck.

„Sacredam!" zakričal, keď zbadal Buckovu postavu.

"Che cane maledetto e prepotente! Eh? Quanto costa?" chiese ad alta voce.

„To je ale prekliaty tyran! Čože? Koľko?" spýtal sa nahlas.

"Trecento, ed è un regalo a quel prezzo",

„Tristo a za tú cenu je to darček,"

"Dato che sono soldi del governo, non dovresti lamentarti, Perrault."

„Keďže sú to vládne peniaze, nemal by si sa sťažovať, Perrault."

Perrault sorrise pensando all'accordo che aveva appena concluso con quell'uomo.

Perrault sa uškrnul nad dohodou, ktorú s tým mužom práve uzavrel.

Il prezzo dei cani è salito alle stelle a causa della domanda improvvisa.

Cena psov prudko vzrástla kvôli náhlemu dopytu.

Trecento dollari non erano ingiusti per una bestia così bella.

Tristo dolárov nebolo nefér za také skvelé zviera.

Il governo canadese non perderebbe nulla dall'accordo

Kanadská vláda by na dohode nič nestratila

Né i loro comunicati ufficiali avrebbero subito ritardi nel trasporto.

Ani ich oficiálne zásielky by sa počas prepravy nezdržiavali.

Perrault conosceva bene i cani e capì che Buck era una rarità.

Perrault sa so psami dobre vyznal a videl, že Buck je niečo výnimočné.

"Uno su dieci diecimila", pensò, mentre studiava la corporatura di Buck.

„Jeden z desiatich desaťtisíc," pomyslel si, zatiaľ čo skúmal Buckovu postavu.

Buck vide il denaro cambiare di mano, ma non mostrò alcuna sorpresa.

Buck videl, ako peniaze menia majiteľa, ale nedal najavo žiadne prekvapenie.

Poco dopo lui e Curly, un gentile Terranova, furono portati via.

Čoskoro ho a Kučeraváho, mierneho novofundlandského psa, odviedli preč.

Seguirono l'omino dal cortile della casa con il maglione rosso.

Nasledovali malého muža z dvora červeného svetra.

Quella fu l'ultima volta che Buck vide l'uomo con la mazza di legno.

To bolo posledné, čo Buck videl muža s drevenou palicou.

Dal ponte del Narwhal guardò Seattle svanire in lontananza.

Z paluby Narwhala sledoval, ako sa Seattle stráca v diaľke.

Fu anche l'ultima volta che vide le calde terre del Sud.

Bolo to tiež poslednýkrát, čo videl teplú Južnú krajinu.

Perrault li portò sottocoperta e li lasciò con François.

Perrault ich vzal pod palubu a nechal ich s Françoisom.

François era un gigante con la faccia nera e le mani ruvide e callose.

François bol obor s čiernou tvárou a drsnými, mozoľnatými rukami.

Era un uomo dalla carnagione scura e dalla carnagione scura, un meticcio franco-canadese.

Bol tmavovlasý a snedý; kríženec Francúzko-Kanaďana.

Per Buck, quegli uomini erano come non li aveva mai visti prima.

Buck považoval týchto mužov za niečo, akých ešte nikdy predtým nevidel.

Nei giorni a venire avrebbe avuto modo di conoscere molti di questi uomini.

V nasledujúcich dňoch mal spoznať mnohých takýchto mužov.

Non cominciò ad affezionarsi a loro, ma finì per rispettarli.

Neobľúbil si ich, ale začal si ich vážiť.

Erano giusti e saggi e non si lasciavano ingannare facilmente da nessun cane.

Boli spravodliví a múdri a žiadny pes ich nedal ľahko oklamať.

Giudicavano i cani con calma e punivano solo quando meritavano.

Psy posudzovali pokojne a trestali ich iba vtedy, keď si ich zaslúžili.

Sul ponte inferiore del Narwhal, Buck e Curly incontrarono due cani.

V podpalubí lode Narwhal stretli Buck a Kučeravá dvoch psov.

Uno era un grosso cane bianco proveniente dalle lontane e gelide isole Spitzbergen.

Jeden bol veľký biely pes zo vzdialených, ľadových Špicbergov.

In passato aveva navigato su una baleniera e si era unito a un gruppo di ricerca.

Kedysi sa plavil s veľrybárskou loďou a pridal sa k prieskumnej skupine.

Era amichevole, ma astuto, subdolo e subdolo.

Bol priateľský, ale prefíkaným, zákerným a prefíkaným spôsobom.

Al loro primo pasto, rubò un pezzo di carne dalla padella di Buck.

Pri ich prvom jedle ukradol Buckovi z panvice kus mäsa.

Buck saltò per punirlo, ma la frusta di François colpì per prima.

Buck skočil, aby ho potrestal, ale Françoisov bič udrel prvý.

Il ladro bianco urlò e Buck reclamò l'osso rubato.

Biely zlodej zajačal a Buck si vzal späť ukradnutú kosť.

Questa correttezza colpì Buck e François si guadagnò il suo rispetto.

Táto spravodlivosť na Bucka zapôsobila a François si zaslúžil jeho rešpekt.

L'altro cane non lo salutò e non volle nessuno in cambio.

Druhý pes nepozdravil a ani nechcel pozdrav na oplátku.

Non rubava il cibo, né annusava con interesse i nuovi arrivati.

Nekradol jedlo, ani so záujmom neoňuchával novoprichádzajúcich.

Questo cane era cupo e silenzioso, cupo e lento nei movimenti.

Tento pes bol pochmúrny a tichý, pochmúrny a pomaly sa pohybujúci.

Avvertì Curly di stargli lontano semplicemente lanciandole un'occhiata fulminante.

Varoval Kučeravú, aby sa držala ďalej, jednoduchým zamračeným pohľadom.

Il suo messaggio era chiaro: lasciatemi in pace o saranno guai.

Jeho odkaz bol jasný: nechajte ma na pokoji, alebo budú problémy.

Si chiamava Dave e non faceva quasi caso a ciò che lo circondava.

Volal sa Dave a sotva si všímal svoje okolie.

Dormiva spesso, mangiava tranquillamente e sbadigliava di tanto in tanto.

Často spal, potichu jedol a občas zíval.

La nave ronzava costantemente con il rumore dell'elica sottostante.

Loď neustále hučala s bijúcou vrtuľou pod ňou.

I giorni passarono senza grandi cambiamenti, ma il clima si fece più freddo.

Dni plynuli s malou zmenou, ale počasie sa ochladilo.

Buck se lo sentiva nelle ossa e notò che anche gli altri lo sentivano.

Buck to cítil až v kostiach a všimol si, že aj ostatní.

Poi una mattina l'elica si fermò e tutto rimase immobile.

Potom jedného rána sa vrtuľa zastavila a všetko stíchlo.

Un'energia percorse la nave: qualcosa era cambiato.

Loďou prešla energia; niečo sa zmenilo.

François scese, li mise al guinzaglio e li portò su.

François zišiel dole, pripútal ich na vodítka a vyviedol ich hore.

Buck uscì e trovò il terreno morbido, bianco e freddo.

Buck vyšiel von a zistil, že zem je mäkká, biela a studená.

Lui fece un balzo indietro allarmato e sbuffò in preda alla confusione più totale.

Zľaknuto odskočil a zmätene si odfrkol.

Una strana sostanza bianca cadeva dal cielo grigio.

Z sivej oblohy padala zvláštna biela hmota.

Si scosse, ma i fiocchi bianchi continuavano a cadergli addosso.

Striasol sa, ale biele vločky naňho stále dopadali.

Annusò attentamente la sostanza bianca e ne leccò alcuni pezzetti ghiacciati.

Opatrne ovoňal bielu hmotu a olízal si pár ľadových kúskov.

La polvere bruciò come il fuoco e poi svanì subito dalla sua lingua.

Prášok pálil ako oheň a potom mu z jazyka zmizol.

Buck ci riprovò, sconcertato dallo strano freddo che svaniva.

Buck to skúsil znova, zmätený zvláštnym miznúcim chladom.

Gli uomini intorno a lui risero e Buck si sentì in imbarazzo.

Muži okolo neho sa zasmiali a Buck sa cítil trápne.

Non sapeva perché, ma si vergognava della sua reazione.

Nevedel prečo, ale hanbil sa za svoju reakciu.

Era la sua prima esperienza con la neve e la cosa lo confuse.

Bola to jeho prvá skúsenosť so snehom a zmiatlo ho to.

La legge del bastone e della zanna
Zákon klubu a tesáka

Il primo giorno di Buck sulla spiaggia di Dyea è stato un terribile incubo.
Buckov prvý deň na pláži Dyea sa zdal ako hrozná nočná mora.

Ogni ora portava con sé nuovi shock e cambiamenti inaspettati per Buck.
Každá hodina prinášala Buckovi nové šoky a neočakávané zmeny.

Era stato strappato alla civiltà e gettato nel caos più totale.
Bol vytrhnutý z civilizácie a vrhnutý do divokého chaosu.

Questa non era una vita soleggiata e pigra, fatta di noia e riposo.
Toto nebol žiadny slnečný, lenivý život plný nudy a odpočinku.

Non c'era pace, né riposo, né momento senza pericolo.
Nebol žiadny pokoj, žiadny odpočinok a žiadna chvíľa bez nebezpečenstva.

La confusione regnava su tutto e il pericolo era sempre vicino.
Všade vládol zmätok a nebezpečenstvo bolo vždy nablízku.

Buck doveva stare attento perché quegli uomini e quei cani erano diversi.
Buck musel zostať v strehu, pretože títo muži a psy boli iní.

Non provenivano da città; erano selvaggi e spietati.
Neboli z miest; boli divokí a bez milosti.

Questi uomini e questi cani conoscevano solo la legge del bastone e della zanna.
Títo muži a psy poznali len zákon kyja a tesáka.

Buck non aveva mai visto dei cani combattere come questi feroci husky.
Buck nikdy nevidel psy biť sa tak, ako títo divocí huskyovia.

La sua prima esperienza gli insegnò una lezione che non avrebbe mai dimenticato.

Jeho prvá skúsenosť ho naučila lekciu, na ktorú nikdy nezabudne.

Fu una fortuna che non fosse lui, altrimenti sarebbe morto anche lui.

Mal šťastie, že to nebol on, inak by tiež zomrel.

Curly era quello che soffriva, mentre Buck osservava e imparava.

Kučeravá bol ten, kto trpel, zatiaľ čo Buck sa pozeral a učil.

Si erano accampati vicino a un deposito costruito con tronchi.

Utáborili sa neďaleko skladu postaveného z kmeňov guľatiny.

Curly cercò di essere amichevole con un grosso husky simile a un lupo.

Kučeravá sa snažil byť priateľský k veľkému huskymu podobnému vlkovi.

L'husky era più piccolo di Curly, ma aveva un aspetto selvaggio e cattivo.

Husky bol menší ako Kučeravá, ale vyzeral divoko a zlomyseľne.

Senza preavviso, lui saltò su e le tagliò il viso.

Bez varovania skočil a rozrezal jej tvár.

Con un solo movimento i suoi denti le tagliarono l'occhio fino alla mascella.

Jeho zuby jej jedným ťahom prerezali od oka až po čeľusť.

Ecco come combattevano i lupi: colpivano velocemente e saltavano via.

Takto bojovali vlci – rýchlo udreli a odskočili.

Ma c'era molto di più da imparare da quell'unico attacco.

Ale z toho jedného útoku sa dalo naučiť viac.

Decine di husky si precipitarono dentro e formarono un cerchio silenzioso.

Desiatky huskyov sa vrútili dnu a vytvorili tichý kruh.

Osservavano attentamente e si leccavano le labbra per la fame.

Pozorne sledovali a od hladu si oblizovali pery.

Buck non capiva il loro silenzio né i loro occhi ansiosi.

Buck nechápal ich mlčanie ani ich dychtivé oči.

Curly si lanciò ad attaccare l'husky una seconda volta.

Kučeravá sa ponáhľal zaútočiť na huskyho druhýkrát.

Usò il suo petto per buttarla a terra con un movimento violento.

Silným pohybom ju zrazil na zem hrudníkom.

Cadde su un fianco e non riuscì più a rialzarsi.

Spadla na bok a nedokázala sa znova postaviť.

Era proprio quello che gli altri aspettavano da tempo.

Na to ostatní čakali celú dobu.

Gli husky le saltarono addosso, guaindo e ringhiando freneticamente.

Husky na ňu skočili, zúrivo kňučali a vrčali.

Lei urlò mentre la seppellivano sotto una pila di cani.

Kričala, keď ju pochovali pod kopou psov.

L'attacco fu così rapido che Buck rimase immobile per lo shock.

Útok bol taký rýchly, že Buck od šoku stuhol na mieste.

Vide Spitz tirare fuori la lingua in un modo che sembrava una risata.

Videl, ako Spitz vyplazil jazyk spôsobom, ktorý vyzeral ako smiech.

François afferrò un'ascia e corse dritto verso il gruppo di cani.

François schmatol sekeru a vbehol priamo do skupiny psov.

Altri tre uomini hanno usato dei manganelli per allontanare gli husky.

Traja ďalší muži použili palice, aby odohnali huskyov.

In soli due minuti la lotta finì e i cani se ne andarono.

O dve minúty sa boj skončil a psy boli preč.

Curly giaceva morta nella neve rossa calpestata, con il corpo fatto a pezzi.

Kučeravá ležala mŕtva v červenom, ušliapanom snehu, telo roztrhané na kusy.

Un uomo dalla pelle scura era in piedi davanti a lei, maledicendo la scena brutale.

Nad ňou stál tmavovlasý muž a preklínal tú brutálnu scénu.

Il ricordo rimase con Buck e ossessionò i suoi sogni notturni.

Spomienka zostala s Buckom a prenasledovala ho v noci v snoch.

Ecco come funzionava: niente equità, niente seconda possibilità.

Tak to tu bolo; žiadna spravodlivosť, žiadna druhá šanca.

Una volta caduto un cane, gli altri lo uccidevano senza pietà.

Keď pes spadol, ostatní ho bez milosti zabili.

Buck decise allora che non si sarebbe mai lasciato cadere.

Buck sa vtedy rozhodol, že si nikdy nedovolí padnúť.

Spitz tirò fuori di nuovo la lingua e rise guardando il sangue.

Spitz znova vyplazil jazyk a zasmial sa na krvi.

Da quel momento in poi, Buck odiò Spitz con tutto il cuore.

Od tej chvíle Buck nenávidel Spitza celým svojím srdcom.

Prima che Buck potesse riprendersi dalla morte di Curly, accadde qualcosa di nuovo.

Skôr než sa Buck stihol spamätať z Kučeraváho smrti, stalo sa niečo nové.

François si avvicinò e legò qualcosa attorno al corpo di Buck.

François prišiel a pripútal Buckovi niečo okolo tela.

Era un'imbracatura simile a quelle usate per i cavalli al ranch.

Bol to postroj, aký používajú na kone na ranči.

Così come Buck aveva visto lavorare i cavalli, ora era costretto a lavorare anche lui.

Tak ako Buck videl pracovať kone, teraz musel pracovať aj on.

Dovette trascinare François su una slitta nella foresta vicina.

Musel Françoisa odtiahnuť na saniach do neďalekého lesa.

Poi dovette trascinare indietro un pesante carico di legna da ardere.

Potom musel odtiahnuť náklad ťažkého palivového dreva.

Buck era orgoglioso e gli faceva male essere trattato come un animale da lavoro.

Buck bol hrdý, takže ho bolelo, že sa s ním zaobchádzalo ako s pracovným zvieraťom.

Ma era saggio e non cercò di combattere la nuova situazione.

Ale bol múdry a nesnažil sa bojovať s novou situáciou.

Accettò la sua nuova vita e diede il massimo in ogni compito.

Prijal svoj nový život a v každej úlohe vydal zo seba maximum.

Tutto di quel lavoro gli risultava strano e sconosciuto.

Všetko na tej práci mu bolo zvláštne a neznáme.

François era severo e pretendeva obbedienza senza indugio.

François bol prísny a vyžadoval poslušnosť bez meškania.

La sua frusta garantiva che ogni comando venisse eseguito immediatamente.

Jeho bič zabezpečil, aby bol každý povel splnený naraz.

Dave era il timoniere, il cane più vicino alla slitta dietro Buck.

Dave bol kolesár, pes najbližšie k saniam za Buckom.

Se commetteva un errore, Dave mordeva Buck sulle zampe posteriori.

Dave pohrýzol Bucka do zadných nôh, ak urobil chybu.

Spitz era il cane guida, abile ed esperto nel ruolo.

Špic bol vedúcim psom, zručným a skúseným v tejto úlohe.

Spitz non riusciva a raggiungere Buck facilmente, ma lo corresse comunque.

Spitz sa k Buckovi ľahko nedostal, ale aj tak ho opravil.

Ringhiava aspramente o tirava la slitta in modi che insegnavano a Buck.

Drsné zavrčanie alebo ťahanie saní spôsobmi, ktoré Bucka učili.

Grazie a questo addestramento, Buck imparò più velocemente di quanto tutti si aspettassero.

Vďaka tomuto výcviku sa Buck učil rýchlejšie, než ktokoľvek z nich očakával.

Lavorò duramente e imparò sia da François che dagli altri cani.

Tvrdo pracoval a učil sa od Françoisa aj od ostatných psov.

Quando tornarono, Buck conosceva già i comandi chiave.

Keď sa vrátili, Buck už poznal kľúčové povely.

Imparò a fermarsi al suono della parola "oh" di François.

Naučil sa zastaviť pri zvuku „ho" od Françoisa.

Imparò quando era il momento di tirare la slitta e correre.

Naučil sa, kedy musí ťahať sane a bežať.

Imparò a svoltare senza problemi nelle curve del sentiero.

Naučil sa bez problémov široko zatáčať v zákrutách na chodníku.

Imparò anche a evitare Dave quando la slitta scendeva velocemente.

Tiež sa naučil vyhýbať Daveovi, keď sa sane rýchlo schádzali z kopca.

"Sono cani molto buoni", disse orgoglioso François a Perrault.

„Sú to veľmi dobrí psi," povedal François hrdo Perraultovi.

"Quel Buck tira come un dannato, glielo insegno subito."

„Ten Buck ťahá ako čert – učím ho to najrýchlejšie."

Più tardi quel giorno, Perrault tornò con altri due husky.

Neskôr v ten deň sa Perrault vrátil s ďalšími dvoma huskymi.

Si chiamavano Billee e Joe ed erano fratelli.

Volali sa Billee a Joe a boli bratia.

Provenivano dalla stessa madre, ma non erano affatto simili.

Pochádzali z tej istej matky, ale vôbec sa na seba nepodobali.

Billee era un tipo dolce e molto amichevole con tutti.

Billee bola milá a ku každému až príliš priateľská.

Joe era l'opposto: silenzioso, arrabbiato e sempre ringhiante.

Joe bol pravý opak – tichý, nahnevaný a stále vrčajúci.

Buck li salutò amichevolmente e si mantenne calmo con entrambi.

Buck ich priateľsky pozdravil a bol k obom pokojný.

Dave non prestò loro attenzione e rimase in silenzio come al solito.

Dave si ich nevšímal a ako zvyčajne mlčal.

Spitz attaccò prima Billee, poi Joe, per dimostrare la sua superiorità.

Spitz zaútočil najprv na Billeeho a potom na Joea, aby ukázal svoju dominanciu.

Billee scodinzolava e cercava di essere amichevole con Spitz.

Billee vrtel chvostom a snažil sa byť k Spitzovi priateľský.

Quando questo non funzionò, cercò di scappare.

Keď to nevyšlo, pokúsil sa radšej utiecť.

Pianse tristemente quando Spitz lo morse forte sul fianco.

Smutne plakal, keď ho Spitz silno uhryzol do boku.

Ma Joe era molto diverso e si rifiutava di farsi prendere in giro.

Ale Joe bol veľmi odlišný a odmietol sa nechať šikanovať.

Ogni volta che Spitz si avvicinava, Joe si girava velocemente per affrontarlo.

Vždy, keď sa Spitz priblížil, Joe sa k nemu rýchlo otočil.

La sua pelliccia si drizzò, le sue labbra si arricciarono e i suoi denti schioccarono selvaggiamente.

Srsť sa mu ježila, pery sa mu skrivili a zuby divoko cvakali.

Gli occhi di Joe brillavano di paura e rabbia, sfidando Spitz a colpire.

Joeove oči sa leskli strachom a zúrivosťou a vyzýval Spitza k úderu.

Spitz abbandonò la lotta e si voltò, umiliato e arrabbiato.

Spitz vzdal boj a odvrátil sa, ponížený a nahnevaný.

Sfogò la sua frustrazione sul povero Billee e lo cacciò via.

Vybil si svoju frustráciu na úbohom Billeem a odohnal ho.

Quella sera Perrault aggiunse un altro cane alla squadra.

V ten večer Perrault pridal do tímu ešte jedného psa.

Questo cane era vecchio, magro e coperto di cicatrici di battaglia.

Tento pes bol starý, chudý a pokrytý bojovými jazvami.

Gli mancava un occhio, ma l'altro brillava di potere.

Jedno jeho oko chýbalo, ale druhé žiarilo silou.

Il nome del nuovo cane era Solleks, che significa "l'Arrabbiato".

Nový pes sa volal Solleks, čo znamená Nahnevaný.

Come Dave, Solleks non chiedeva nulla agli altri e non dava nulla in cambio.

Rovnako ako Dave, ani Solleks od ostatných nič nežiadal a nič im ani nedával.

Quando Solleks entrò lentamente nell'accampamento, persino Spitz rimase lontano.

Keď Solleks pomaly vošiel do tábora, dokonca aj Spitz zostal preč.

Aveva una strana abitudine che Buck ebbe la sfortuna di scoprire.

Mal zvláštny zvyk, ktorý Buck, žiaľ, objavil.

Solleks detestava essere avvicinato dal lato in cui era cieco.

Solleks neznášal, keď sa k nemu priblížili zo strany, kde bol slepý.

Buck non lo sapeva e commise quell'errore per sbaglio.

Buck to nevedel a tú chybu urobil omylom.

Solleks si voltò di scatto e colpì la spalla di Buck in modo profondo e rapido.

Solleks sa otočil a rýchlo a hlboko sekol Bucka do ramena.

Da quel momento in poi, Buck non si avvicinò mai più al lato cieco di Solleks.

Od tej chvíle sa Buck nikdy nepriblížil k Solleksovej slepej strane.

Non ebbero mai più problemi per il resto del tempo che trascorsero insieme.

Po zvyšok času, ktorý spolu strávili, už nikdy nemali problémy.

Solleks voleva solo essere lasciato solo, come il tranquillo Dave.

Solleks chcel len zostať sám, ako tichý Dave.

Ma Buck avrebbe scoperto in seguito che ognuno di loro aveva un altro obiettivo segreto.

Buck sa však neskôr dozvedel, že každý z nich mal ešte jeden tajný cieľ.

Quella notte Buck si trovò ad affrontare una nuova e preoccupante sfida: come dormire.

Tú noc čelil Buck novej a znepokojujúcej výzve – ako spať.

La tenda era illuminata caldamente dalla luce delle candele nel campo innevato.

Stan sa v zasneženom poli teplým svetlom sviečok rozžiaral.

Buck entrò, pensando che lì avrebbe potuto riposare come prima.

Buck vošiel dnu a pomyslel si, že si tam môže oddýchnuť ako predtým.

Ma Perrault e François gli urlarono contro e gli tirarono delle padelle.

Ale Perrault a François naňho kričali a hádzali panvice.

Sconvolto e confuso, Buck corse fuori nel freddo gelido.

Šokovaný a zmätený Buck vybehol von do mrazivého chladu.

Un vento gelido gli pungeva la spalla ferita e gli congelava le zampe.

Do zraneného ramena ho štípal ostrý vietor a omrzli mu laby.

Si sdraiò sulla neve e cercò di dormire all'aperto.

Ľahol si do snehu a snažil sa spať vonku pod holým nebom.

Ma il freddo lo costrinse presto a rialzarsi, tremando forte.

Ale zima ho čoskoro prinútila vstať, silno sa triasol.

Vagò per l'accampamento, cercando di trovare un posto più caldo.

Prechádzal sa po tábore a hľadal teplejšie miesto.

Ma ogni angolo era freddo come quello precedente.

Ale každý kút bol rovnako studený ako ten predchádzajúci.

A volte dei cani feroci gli saltavano addosso dall'oscurità.

Niekedy naňho z tmy vyskočili divé psy.

Buck drizzò il pelo, scoprì i denti e ringhiò in tono ammonitore.

Buck si naježil srsť, vyceril zuby a varovne zavrčal.

Lui stava imparando in fretta e gli altri cani si sono subito tirati indietro.

Rýchlo sa učil a ostatné psy rýchlo cúvali.

Tuttavia, non aveva un posto dove dormire e non aveva idea di cosa fare.

Stále nemal kde spať a netušil, čo má robiť.

Alla fine gli venne in mente un pensiero: andare a dare un'occhiata ai suoi compagni di squadra.

Nakoniec ho napadla myšlienka – skontrolovať svojich spoluhráčov.

Ritornò nella loro zona e rimase sorpreso nel constatare che non c'erano più.

Vrátil sa do ich oblasti a s prekvapením zistil, že sú preč.

Cercò di nuovo nell'accampamento, ma ancora non riuscì a trovarli.

Znova prehľadal tábor, ale stále ich nemohol nájsť.

Sapeva che loro non potevano stare nella tenda, altrimenti ci sarebbe stato anche lui.

Vedel, že nemôžu byť v stane, inak by tam bol aj on.

E allora, dove erano finiti tutti i cani in quell'accampamento ghiacciato?

Tak kam sa podeli všetky psy v tomto zamrznutom tábore?

Buck, infreddolito e infelice, girò lentamente intorno alla tenda.

Buck, premrznutý a nešťastný, pomaly krúžil okolo stanu.

All'improvviso, le sue zampe anteriori sprofondarono nella neve soffice e lo spaventarono.

Zrazu sa mu predné nohy zaborili do mäkkého snehu a vyľakali ho.

Qualcosa si mosse sotto i suoi piedi e lui fece un salto indietro per la paura.

Niečo sa mu mihlo pod nohami a on od strachu cúvol.

Ringhiava e ringhiava, non sapendo cosa si nascondesse sotto la neve.

Vrčal a vrčal, nevediac, čo sa skrýva pod snehom.

Poi udì un piccolo abbaio amichevole che placò la sua paura.

Potom začul priateľské tiché štekanie, ktoré zmiernilo jeho strach.

Annusò l'aria e si avvicinò per vedere cosa fosse nascosto.

Natiahol vzduch a priblížil sa, aby videl, čo sa skrýva.

Sotto la neve, rannicchiata in una calda palla, c'era la piccola Billee.

Pod snehom, schúlená do teplej klbka, ležala malá Billee.

Billee scodinzolò e leccò il muso di Buck per salutarlo.

Billee zavrtel chvostom a olízal Buckovi tvár na pozdrav.

Buck vide come Billee si era costruito un posto per dormire nella neve.

Buck videl, ako si Billee urobila miesto na spanie v snehu.

Aveva scavato e sfruttato il suo calore per scaldarsi.

Vykopal si pôdu a vyžíval vlastné teplo, aby sa zohrial.

Buck aveva imparato un'altra lezione: ecco come dormivano i cani.

Buck sa naučil ďalšiu lekciu – takto spali psy.

Scelse un posto e cominciò a scavare la sua buca nella neve.

Vybral si miesto a začal si kopať dieru v snehu.

All'inizio si muoveva troppo e sprecava energie.

Spočiatku sa príliš veľa pohyboval a plytval energiou.

Ma ben presto il suo corpo riscaldò lo spazio e si sentì al sicuro.

Ale čoskoro jeho telo zohrialo priestor a on sa cítil bezpečne.

Si rannicchiò forte e poco dopo si addormentò profondamente.

Pevne sa schúlil a onedlho tvrdo zaspal.

La giornata era stata lunga e dura e Buck era esausto.

Deň bol dlhý a ťažký a Buck bol vyčerpaný.

Dormì profondamente e comodamente, anche se fece sogni selvaggi.

Spal hlboko a pohodlne, hoci jeho sny boli divoké.

Ringhiava e abbaiava nel sonno, contorcendosi mentre sognava.

V spánku vrčal a štekal a pri snívaní sa krútil.

Buck non si svegliò finché l'accampamento non cominciò a prendere vita.

Buck sa zobudil až vtedy, keď sa tábor prebúdzal k životu.

All'inizio non sapeva dove si trovasse o cosa fosse successo.

Najprv nevedel, kde je alebo čo sa stalo.

La neve era caduta durante la notte e aveva seppellito completamente il suo corpo.

V noci napadol sneh a jeho telo úplne pochoval.

La neve lo circondava, fitta su tutti i lati.

Sneh ho obklopoval, pevne zo všetkých strán.

All'improvviso un'ondata di paura percorse tutto il corpo di Buck.

Zrazu Buckovým telom prebehla vlna strachu.

Era la paura di rimanere intrappolati, una paura che proveniva da istinti profondi.

Bol to strach z uväznenia, strach prameniaci z hlbokých inštinktov.

Sebbene non avesse mai visto una trappola, la paura era viva dentro di lui.

Hoci nikdy nevidel pascu, strach v ňom žil.

Era un cane addomesticato, ma ora i suoi vecchi istinti selvaggi si stavano risvegliando.

Bol to krotký pes, ale teraz sa v ňom prebúdzali staré divoké inštinkty.

I muscoli di Buck si irrigidirono e il pelo gli si rizzò su tutta la schiena.

Buckove svaly sa napli a srsť sa mu zježila po celom chrbte.

Ringhiò furiosamente e balzò in piedi nella neve.

Zúrivo zavrčal a vyskočil priamo hore cez sneh.

La neve volava in ogni direzione mentre lui irrompeva nella luce del giorno.

Sneh lietal na všetky strany, keď vtrhol do denného svetla.

Ancora prima di atterrare, Buck vide l'accampamento disteso davanti a lui.

Ešte pred pristátím Buck uvidel tábor rozprestierajúci sa pred ním.

Ricordò tutto del giorno prima, tutto in una volta.

Zrazu si spomenul na všetko z predchádzajúceho dňa.

Ricordava di aver passeggiato con Manuel e di essere finito in quel posto.

Spomenul si, ako sa prechádzal s Manuelom a ako skončil na tomto mieste.

Ricordava di aver scavato la buca e di essersi addormentato al freddo.

Spomenul si, ako vykopal jamu a zaspal v zime.

Ora era sveglio e il mondo selvaggio intorno a lui era limpido.

Teraz bol hore a divoký svet okolo neho bol jasný.

Un grido di François annunciò l'improvvisa apparizione di Buck.

Françoisov výkrik privítal Buckov náhly príchod.

"Cosa ho detto?" gridò a gran voce il conducente del cane a Perrault.

„Čo som povedal?" kričal nahlas vodič psa na Perraulta.

"Quel Buck impara sicuramente in fretta", ha aggiunto François.

„Ten Buck sa učí naozaj rýchlo," dodal François.

Perrault annuì gravemente, visibilmente soddisfatto del risultato.

Perrault vážne prikývol, zjavne spokojný s výsledkom.

In qualità di corriere del governo canadese, trasportava dispacci.

Ako kuriér kanadskej vlády nosil depeše.

Era ansioso di trovare i cani migliori per la sua importante missione.

Veľmi túžil nájsť tých najlepších psov pre svoju dôležitú misiu.

Ora si sentiva particolarmente contento che Buck facesse parte della squadra.

Obzvlášť ho tešilo, že Buck bol teraz súčasťou tímu.

Nel giro di un'ora, alla squadra furono aggiunti altri tre husky.

Do hodiny boli do tímu pridané ďalšie tri husky.

Ciò ha portato il numero totale dei cani della squadra a nove.

Tým sa celkový počet psov v tíme zvýšil na deväť.

Nel giro di quindici minuti tutti i cani erano imbracati.

Do pätnástich minút boli všetky psy v postrojoch.

La squadra di slitte stava risalendo il sentiero verso Dyea Cañon.

Záprah sa vydával hore chodníkom smerom ku kaňonu Dyea.

Buck era contento di andarsene, anche se il lavoro che lo attendeva era duro.

Buck bol rád, že odchádza, aj keď ho čakala ťažká práca.

Scoprì di non disprezzare particolarmente né il lavoro né il freddo.

Zistil, že práca ani zima mu nijako zvlášť neprekážajú.

Fu sorpreso dall'entusiasmo che pervadeva tutta la squadra.

Prekvapila ho dychtivosť, ktorá naplnila celý tím.

Ancora più sorprendente fu il cambiamento avvenuto in Dave e Solleks.

Ešte prekvapujúcejšia bola zmena, ktorá nastala s Daveom a Solleksom.

Questi due cani erano completamente diversi quando venivano imbrigliati.

Tieto dva psy boli úplne odlišné, keď boli zapriahnuté.

La loro passività e la loro disattenzione erano completamente scomparse.

Ich pasivita a nezáujem úplne zmizli.

Erano attenti e attivi, desiderosi di svolgere bene il loro lavoro.

Boli ostražití, aktívni a dychtiví dobre si vykonávať svoju prácu.

Si irritavano ferocemente per qualsiasi cosa provocasse ritardi o confusione.

Prudko ich podráždilo čokoľvek, čo spôsobovalo meškanie alebo zmätok.

Il duro lavoro sulle redini era il centro del loro intero essere.

Tvrdá práca na opratách bola stredobodom celej ich bytosti.

Sembrava che l'unica cosa che gli piacesse davvero fosse tirare la slitta.

Zdá sa, že ťahanie saní bolo jediné, čo ich skutočne bavilo.

Dave era in fondo al gruppo, il più vicino alla slitta.

Dave bol vzadu v skupine, najbližšie k samotným saniam.

Buck fu messo davanti a Dave e Solleks superò Buck.

Buck sa umiestnil pred Davea a Solleks sa predbehol pred Bucka.

Il resto dei cani era disposto in fila indiana davanti a loro.

Zvyšok psov bol natiahnutý vpredu v rade za sebou.

La posizione di testa in prima linea era occupata da Spitz.

Vedúcu pozíciu vpredu obsadil Spitz.

Buck era stato messo tra Dave e Solleks per essere istruito.

Bucka umiestnili medzi Davea a Solleka kvôli inštrukciám.

Lui imparava in fretta e gli insegnanti erano risoluti e capaci.
Rýchlo sa učil a oni boli dôslední a schopní učitelia.
Non permisero mai a Buck di restare a lungo nell'errore.
Nikdy nedovolili Buckovi dlho zostať v omyle.
Quando necessario, impartivano le lezioni con denti affilati.
Keď to bolo potrebné, učili svoje hodiny s ostrými zubami.
Dave era giusto e dimostrava una saggezza pacata e seria.
Dave bol spravodlivý a prejavoval tichý, vážny druh
múdrosti.
Non mordeva mai Buck senza una buona ragione.
Nikdy nepohryzol Bucka bez dobrého dôvodu.
**Ma non mancava mai di mordere quando Buck aveva
bisogno di essere corretto.**
Ale nikdy nezabudol zahryznúť, keď Bucka potreboval
napraviť.
**La frusta di François era sempre pronta e sosteneva la loro
autorità.**
Françoisov bič bol vždy pripravený a podporoval ich autoritu.
Buck scoprì presto che era meglio obbedire che reagire.
Buck čoskoro zistil, že je lepšie poslúchať, ako sa brániť.
**Una volta, durante un breve riposo, Buck rimase impigliato
nelle redini.**
Raz, počas krátkeho odpočinku, sa Buck zamotal do opratí.
Ritardò la partenza e confuse i movimenti della squadra.
Zdržal štart a zmätil pohyb tímu.
**Dave e Solleks si avventarono su di lui e lo picchiarono
duramente.**
Dave a Solleks sa naňho vrhli a tvrdo ho zmlátili.
**La situazione peggiorò ulteriormente, ma Buck imparò bene
la lezione.**
Zamotanie sa len zhoršilo, ale Buck sa dobre poučil.
**Da quel momento in poi tenne le redini tese e lavorò con
attenzione.**
Odvtedy držal opraty napnuté a pracoval opatrne.
**Prima che la giornata finisse, Buck aveva portato a termine
gran parte del suo compito.**
Pred koncom dňa Buck zvládol väčšinu svojej úlohy.

I suoi compagni di squadra quasi smisero di correggerlo o di morderlo.

Jeho spoluhráči ho takmer prestali opravovať alebo hrýzť.

La frusta di François schioccava nell'aria sempre meno spesso.

Françoisov bič praskal vzduchom čoraz menej často.

Perrault sollevò addirittura i piedi di Buck ed esaminò attentamente ogni zampa.

Perrault dokonca zdvihol Buckove nohy a pozorne preskúmal každú labku.

Era stata una giornata di corsa dura, lunga ed estenuante per tutti loro.

Bol to pre nich všetkých ťažký deň behu, dlhý a vyčerpávajúci.

Risalirono il Cañon, attraversarono Sheep Camp e superarono le Scales.

Cestovali hore kaňonom, cez Ovčí tábor a okolo Váh.

Superarono il limite della vegetazione arborea, poi ghiacciai e cumuli di neve alti diversi metri.

Prekročili hranicu lesa, potom ľadovce a snehové záveje hlboké mnoho metrov.

Scalarono il grande e freddo Chilkoot Divide.

Vyliezli na veľký chladný a nehostinný Chilkootský údolí.

Quella cresta elevata si ergeva tra l'acqua salata e l'interno ghiacciato.

Ten vysoký hrebeň sa týčil medzi slanou vodou a zamrznutým vnútrozemím.

Le montagne custodivano il triste e solitario Nord con ghiaccio e ripide salite.

Hory strážili smutný a osamelý Sever ľadom a strmými stúpaniami.

Scesero rapidamente lungo una lunga catena di laghi sotto la dorsale.

Zvládli dobrý čas po dlhom reťazci jazier pod rozvodím.

Questi laghi riempivano gli antichi crateri di vulcani spenti.

Tieto jazerá vyplnili staroveké krátery vyhasnutých sopiek.

Quella notte tardi raggiunsero un grande accampamento presso il lago Bennett.

Neskoro v noci dorazili do veľkého tábora pri jazere Bennett.

Migliaia di cercatori d'oro erano lì, intenti a costruire barche per la primavera.

Boli tam tisíce hľadačov zlata a stavali lode na jar.

Il ghiaccio si sarebbe presto rotto e dovevano essere pronti.

Ľad sa mal čoskoro roztopiť a museli byť pripravení.

Buck scavò la sua buca nella neve e cadde in un sonno profondo.

Buck si vykopal dieru v snehu a hlboko zaspal.

Dormiva come un lavoratore, esausto dopo una dura giornata di lavoro.

Spal ako pracujúci muž, vyčerpaný z ťažkého dňa driny.

Ma venne strappato al sonno troppo presto, nell'oscurità.

Ale príliš skoro v tme ho niekto vytrhol zo spánku.

Fu nuovamente imbrigliato insieme ai suoi compagni e attaccato alla slitta.

Znovu ho zapriahli spolu s jeho kamarátmi a pripevnili k saniam.

Quel giorno percorsero quaranta miglia, perché la neve era ben calpestata.

V ten deň prešli štyridsať míľ, pretože sneh bol dobre ušliapaný.

Il giorno dopo, e per molti giorni a seguire, la neve era soffice.

Na druhý deň a ešte mnoho dní potom bol sneh mäkký.

Dovettero farsi strada da soli, lavorando di più e muovendosi più lentamente.

Museli si cestu vydláždiť sami, pracovali usilovnejšie a pohybovali sa pomalšie.

Di solito, Perrault camminava davanti alla squadra con le ciaspole palmate.

Perrault zvyčajne kráčal pred tímom na snežniciach s blanami.

I suoi passi compattavano la neve, facilitando lo spostamento della slitta.

Jeho kroky udupali sneh, a tak saniam uľahčili pohyb.

François, che era al timone della barca a vela, a volte prendeva il comando.

François, ktorý kormidloval z výškomeru, niekedy prevzal velenie.

Ma era raro che François prendesse l'iniziativa

Ale François sa len zriedka ujal vedenia.

perché Perrault aveva fretta di consegnare le lettere e i pacchi.

pretože Perrault sa ponáhľal s doručením listov a balíkov.

Perrault era orgoglioso della sua conoscenza della neve, e in particolare del ghiaccio.

Perrault bol hrdý na svoje znalosti o snehu a najmä o ľade.

Questa conoscenza era essenziale perché il ghiaccio autunnale era pericolosamente sottile.

Táto znalosť bola nevyhnutná, pretože jesenný ľad bol nebezpečne tenký.

Dove l'acqua scorreva rapidamente sotto la superficie non c'era affatto ghiaccio.

Tam, kde voda pod hladinou rýchlo tiekla, nebol vôbec žiadny ľad.

Giorno dopo giorno, la stessa routine si ripeteva senza fine.

Deň čo deň sa tá istá rutina opakovala bez konca.

Buck lavorava senza sosta con le redini, dall'alba alla sera.

Buck sa od úsvitu do noci nekonečne namáhal s opratami.

Lasciarono l'accampamento al buio, molto prima che sorgesse il sole.

Tábor opustili za tmy, dávno pred východom slnka.

Quando spuntò l'alba, avevano già percorso molti chilometri.

Keď sa rozodnilo, mali už za sebou mnoho kilometrov.

Si accamparono dopo il tramonto, mangiando pesce e scavando buche nella neve.

Tábor si postavili po zotmení, jedli ryby a zahrabávali sa do snehu.

Buck era sempre affamato e non era mai veramente soddisfatto della sua razione.

Buck bol stále hladný a nikdy nebol skutočne spokojný so svojou dávkou jedla.

Riceveva ogni giorno mezzo chilo di salmone essiccato.

Každý deň dostával pol kila sušeného lososa.

Ma il cibo sembrò svanire dentro di lui, lasciandogli solo la fame.

Ale jedlo v ňom akoby zmizlo a zanechalo po sebe hlad.

Soffriva di continui morsi della fame e sognava di avere più cibo.

Trpel neustálym hladom a snível o väčšom jedle.

Gli altri cani hanno ricevuto solo mezzo chilo di cibo, ma sono rimasti forti.

Ostatné psy dostali len pol kila jedla, ale zostali silné.

Erano più piccoli ed erano nati in una società nordica.

Boli menší a narodili sa do severského života.

Perse rapidamente la pignoleria che aveva caratterizzato la sua vecchia vita.

Rýchlo stratil puntičkárstvo, ktoré poznačilo jeho starý život.

Fino a quel momento era stato un mangiatore prelibato, ma ora non gli era più possibile.

Kedysi bol maškrtníkom, ale teraz to už nebolo možné.

I suoi compagni arrivarono primi e gli rubarono la razione rimasta.

Jeho kamaráti dojedli prví a obrali ho o nedopitý prídel.

Una volta cominciati, non c'era più modo di difendere il cibo da loro.

Keď začali, nebolo možné pred nimi jeho jedlo ochrániť.

Mentre lui lottava contro due o tre cani, gli altri rubarono il resto.

Zatiaľ čo on odháňal dvoch alebo troch psov, ostatní ukradli zvyšok.

Per risolvere il problema, cominciò a mangiare velocemente come mangiavano gli altri.

Aby to napravil, začal jesť rovnako rýchlo ako ostatní.

La fame lo spingeva così forte che arrivò persino a prendere del cibo non suo.

Hlad ho tak silno premáhal, že si vzal aj jedlo, ktoré mu nebolo vlastné.

Osservò gli altri e imparò rapidamente dalle loro azioni.

Sledoval ostatných a rýchlo sa z ich konania učil.

Vide Pike, un nuovo cane, rubare una fetta di pancetta a Perrault.

Videl Pikea, nového psa, ako ukradol Perraultovi plátok slaniny.

Pike aveva aspettato che Perrault gli voltasse le spalle per rubare la pagnotta.

Pike počkal, kým sa Perrault otočí chrbtom, aby mu ukradol slaninu.

Il giorno dopo, Buck copiò Pike e rubò l'intero pezzo.

Na druhý deň Buck skopíroval Pikea a ukradol celý kus.

Seguì un gran tumulto, ma Buck non fu sospettato.

Nasledoval veľký rozruch, ale Bucka nikto nepodozrieval.

Al suo posto venne punito Dub, un cane goffo che veniva sempre beccato.

Namiesto toho bol potrestaný Dub, nemotorný pes, ktorého vždy chytili.

Quel primo furto fece di Buck un cane adatto a sopravvivere al Nord.

Tá prvá krádež označila Bucka za psa schopného prežiť na severe.

Ha dimostrato di sapersi adattare alle nuove condizioni e di saper imparare rapidamente.

Ukázal, že sa dokáže rýchlo prispôsobiť novým podmienkam a učiť sa.

Senza tale adattabilità, sarebbe morto rapidamente e gravemente.

Bez takejto prispôsobivosti by zomrel rýchlo a zle.

Segnò anche il crollo della sua natura morale e dei suoi valori passati.

Znamenalo to tiež rozpad jeho morálnej povahy a minulých hodnôt.

Nel Southland aveva vissuto secondo la legge dell'amore e della gentilezza.

Na Juhu žil podľa zákona lásky a dobroty.

Lì aveva senso rispettare la proprietà e i sentimenti degli altri cani.

Tam malo zmysel rešpektovať majetok a city iných psov.

Ma i Northland seguivano la legge del bastone e la legge della zanna.

Ale Severná zem sa riadila zákonom palice a zákonom tesáka.

Chiunque rispettasse i vecchi valori era uno sciocco e avrebbe fallito.

Ktokoľvek tu rešpektoval staré hodnoty, bol hlúpy a zlyhal by.

Buck non rifletté su tutto questo nella sua mente.

Buck si to všetko v hlave neuvažoval.

Era in forma e quindi si adattò senza pensarci due volte.

Bol v kondícii, a tak sa prispôsobil bez toho, aby musel premýšľať.

In tutta la sua vita non era mai fuggito da una rissa.

Celý svoj život nikdy neutiekol pred bojom.

Ma la mazza di legno dell'uomo con il maglione rosso cambiò la regola.

Ale drevená palica muža v červenom svetri toto pravidlo zmenila.

Ora seguiva un codice più profondo e antico, inscritto nel suo essere.

Teraz nasledoval hlbší, starší kód vpísaný do jeho bytosti.

Non rubava per piacere, ma per il dolore della fame.

Nekradol z potešenia, ale z bolesti z hladu.

Non rubava mai apertamente, ma rubava con astuzia e attenzione.

Nikdy otvorene nekradol, ale kradol prefíkane a opatrne.

Agì per rispetto verso la clava di legno e per paura delle zanne.

Konal z úcty k drevenej palici a zo strachu pred tesákom.

In breve, ha fatto ciò che era più facile e sicuro che non farlo.

Skrátka, urobil to, čo bolo jednoduchšie a bezpečnejšie, ako to neurobiť.

Il suo sviluppo, o forse il suo ritorno ai vecchi istinti, fu rapido.

Jeho vývoj – alebo možno jeho návrat k starým inštinktom – bol rýchly.

I suoi muscoli si indurirono fino a diventare forti come il ferro.

Jeho svaly stvrdli, až sa cítili pevné ako železo.

Non gli importava più del dolore, a meno che non fosse grave.

Už ho netrápila bolesť, pokiaľ nebola vážna.

Divenne efficiente dentro e fuori, senza sprecare nulla.

Stal sa efektívnym zvnútra aj zvonka, pričom ničím neplytval.

Poteva mangiare cose disgustose, marce o difficili da digerire.

Mohol jesť veci, ktoré boli odporné, zhnité alebo ťažko stráviteľné.

Qualunque cosa mangiasse, il suo stomaco ne sfruttava ogni singolo pezzetto di valore.

Čokoľvek zjedol, jeho žalúdok spotreboval každý kúsok jeho hodnoty.

Il suo sangue trasportava i nutrienti in tutto il suo potente corpo.

Jeho krv roznášala živiny ďaleko po jeho mocnom tele.

Ciò gli ha permesso di sviluppare tessuti forti che gli hanno conferito un'incredibile resistenza.

Vďaka tomu si vybudoval silné tkanivá, ktoré mu dodali neuveriteľnú vytrvalosť.

La sua vista e il suo olfatto diventarono molto più sensibili di prima.

Jeho zrak a čuch sa stali oveľa citlivejšími ako predtým.

Il suo udito diventò così acuto che riusciva a percepire anche i suoni più deboli durante il sonno.

Jeho sluch sa tak zostril, že dokázal v spánku zachytiť slabé zvuky.

Nei sogni sapeva se quei suoni significavano sicurezza o pericolo.

Vo svojich snoch vedel, či zvuky znamenajú bezpečie alebo nebezpečenstvo.

Imparò a mordere con i denti il ghiaccio tra le dita dei piedi.

Naučil sa hrýzť ľad medzi prstami na nohách zubami.

Se una pozza d'acqua si ghiacciava, lui rompeva il ghiaccio con le gambe.

Ak zamrzla vodná diera, prelomil ľad nohami.

Si impennò e colpì duramente il ghiaccio con gli arti anteriori rigidi.

Postavil sa na zadné a silno udrel stuhnutými prednými končatinami do ľadu.

La sua abilità più sorprendente era quella di prevedere i cambiamenti del vento durante la notte.

Jeho najvýraznejšou schopnosťou bolo predpovedať zmeny vetra počas noci.

Anche quando l'aria era immobile, sceglieva luoghi riparati dal vento.

Aj keď bol vzduch nehybný, vyberal si miesta chránené pred vetrom.

Ovunque scavasse il nido, il vento del giorno dopo lo superava.

Všade, kde si vykopal hniezdo, ho na druhý deň vietor minul.

Alla fine si ritrovava sempre al sicuro e protetto, al riparo dal vento.

Vždy skončil útulne a chránený, v záveterí proti vetru.

Buck non solo imparò dall'esperienza: anche il suo istinto tornò.

Buck sa nielenže učil zo skúseností – vrátili sa mu aj inštinkty.

Le abitudini delle generazioni addomesticate cominciarono a scomparire.

Zvyky domestikovaných generácií sa začali vytrácať.

Ricordava vagamente i tempi antichi della sua razza.

Matne si spomínal na dávne časy svojho plemena.

Ripensò a quando i cani selvatici correvano in branco nelle foreste.

Spomenul si na časy, keď divé psy behali v svorkách lesmi.

Avevano inseguito e ucciso la loro preda mentre la inseguivano.

Prenasledovali a zabili svoju korisť, zatiaľ čo ju doháňali.

Per Buck fu facile imparare a combattere con forza e velocità.

Pre Bucka bolo ľahké naučiť sa bojovať zubami a rýchlosťou.

Come i suoi antenati, usava tagli, squarci e schiocchi rapidi.

Používal rezy, seky a rýchle cvaknutia rovnako ako jeho predkovia.

Quegli antenati si risvegliarono in lui e risvegliarono la sua natura selvaggia.

Tí predkovia sa v ňom prebudili a prebudili jeho divokú povahu.

Le loro vecchie abilità gli erano state trasmesse attraverso la linea di sangue.

Ich staré zručnosti na neho prešli prostredníctvom krvnej línie.

Ora i loro trucchi erano suoi, senza bisogno di pratica o sforzo.

Ich triky boli teraz jeho, bez potreby cvičenia alebo úsilia.

Nelle notti fredde e tranquille, Buck sollevava il naso e ululò.

Za tichých, chladných nocí Buck zdvihol nos a zavýjal.

Ululò a lungo e profondamente, come facevano i lupi tanto tempo fa.

Zavýjal dlho a hlboko, ako to robili vlci kedysi dávno.

Attraverso di lui, i suoi antenati defunti puntarono il naso e ulularono.

Cez neho jeho mŕtvi predkovia ukazovali nosy a zavýjali.

Hanno ululato attraverso i secoli con la sua voce e la sua forma.

Zavýjali stáročiami jeho hlasom a postavou.

Le sue cadenze erano le loro, vecchi gridi che parlavano di dolore e di freddo.

Jeho kadencie boli ich, staré výkriky, ktoré rozprávali o smútku a chlade.

Cantavano dell'oscurità, della fame e del significato dell'inverno.

Spievali o tme, o hlade a význame zimy.

Buck ha dimostrato come la vita sia plasmata da forze che vanno oltre noi stessi,

Buck dokázal, ako je život formovaný silami, ktoré presahujú jeho hranice.

l'antico canto risuonò nelle vene di Buck e si impadronì della sua anima.

Stará pieseň sa šírila Buckom a zmocnila sa jeho duše.

Ritrovò se stesso perché gli uomini avevano trovato l'oro nel Nord.

Našiel sa tam, pretože muži našli zlato na severe.

E lo trovò perché Manuel, l'aiutante giardiniere, aveva bisogno di soldi.

A ocitol sa v nej, pretože Manuel, záhradníkov pomocník, potreboval peniaze.

La Bestia Primordiale Dominante
Dominantná Prvotná Beštia

La bestia primordiale dominante era più forte che mai in Buck.

Dominantná prvotná beštia bola v Buckovi rovnako silná ako kedykoľvek predtým.

Ma la bestia primordiale dominante era rimasta dormiente in lui.

Ale dominantná prvotná beštia v ňom driemala.

La vita sui sentieri era dura, ma rafforzava la bestia che era in Buck.

Život na cestách bol drsný, ale posilnil v Buckovi zviera.

Segretamente la bestia diventava sempre più forte ogni giorno.

Beštia tajne každým dňom silnela a silnela.

Ma quella crescita interiore è rimasta nascosta al mondo esterno.

Ale tento vnútorný rast zostal skrytý pred vonkajším svetom.

Una forza primordiale calma e silenziosa si stava formando dentro Buck.

V Buckovom vnútri sa budovala tichá a pokojná prvotná sila.

Una nuova astuzia diede a Buck equilibrio, calma e compostezza.

Nová prefíkanosť dodala Buckovi rovnováhu, pokojnú kontrolu a vyrovnanosť.

Buck si concentrò molto sull'adattamento, senza mai sentirsi completamente rilassato.

Buck sa usilovne sústredil na prispôsobenie sa, nikdy sa necítil úplne uvoľnený.

Evitava i conflitti, non iniziava mai litigi e non cercava mai guai.

Vyhýbal sa konfliktom, nikdy nezačínal hádky ani nehľadal problémy.

Ogni mossa di Buck era scandita da una riflessione lenta e costante.

Pomalá, vytrvalá premýšľavosť formovala každý Buckov pohyb.

Evitava scelte avventate e decisioni improvvise e sconsiderate.

Vyhýbal sa unáhleným rozhodnutiam a náhlym, bezohľadným rozhodnutiam.

Sebbene Buck odiasse profondamente Spitz, non gli mostrò alcuna aggressività.

Hoci Buck Spitza hlboko nenávidel, neprejavoval voči nemu žiadnu agresiu.

Buck non provocò mai Spitz e mantenne le sue azioni moderate.

Buck nikdy neprovokoval Spitza a svoje konanie držal zdržanlivý.

Spitz, d'altro canto, percepì il pericolo crescente in Buck.

Spitz na druhej strane vycítil v Buckovi rastúce nebezpečenstvo.

Vedeva Buck come una minaccia e una seria sfida al suo potere.

Bucka vnímal ako hrozbu a vážnu výzvu pre svoju moc.

Coglieva ogni occasione per ringhiare e mostrare i suoi denti aguzzi.

Využil každú príležitosť zavrčať a ukázať svoje ostré zuby.

Stava cercando di dare inizio allo scontro mortale che sarebbe dovuto avvenire.

Snažil sa začať smrteľný boj, ktorý musel prísť.

All'inizio del viaggio, tra loro scoppiò quasi una lite.

Na začiatku cesty medzi nimi takmer vypukla bitka.

Ma un incidente inaspettato impedì che il combattimento avesse luogo.

Ale nečakaná nehoda zabránila boju.

Quella sera si accamparono sul gelido lago Le Barge.

V ten večer si postavili tábor na kruto studenom jazere Le Barge.

La neve cadeva fitta e il vento era tagliente come una lama.

Sneh padal silno a vietor rezal ako nôž.

La notte era scesa troppo in fretta e l'oscurità li aveva avvolti.

Noc prišla príliš rýchlo a obklopila ich tma.

Difficilmente avrebbero potuto scegliere un posto peggiore per riposare.

Len ťažko si mohli vybrať horšie miesto na oddych.

I cani cercavano disperatamente un posto dove sdraiarsi.

Psy zúfalo hľadali miesto, kde by si mohli ľahnúť.

Dietro il piccolo gruppo si ergeva un'alta parete rocciosa.

Za malou skupinou sa strmo týčila vysoká skalná stena.

Per alleggerire il carico, la tenda era stata lasciata a Dyea.

Stan nechali v Dyea, aby odľahčili náklad.

Non avevano altra scelta che accendere il fuoco direttamente sul ghiaccio.

Nemali inú možnosť, ako založiť oheň na ľade.

Stendevano i loro accappatoi direttamente sul lago ghiacciato.

Rozprestreli si spacie rúcha priamo na zamrznutom jazere.

Qualche pezzo di legno galleggiante dava loro un po' di fuoco.

Zopár naplavených drevených vetiev im dodalo trochu ohňa.

Ma il fuoco è stato acceso sul ghiaccio e attraverso di esso si è scongelato.

Ale oheň bol založený na ľade a roztopil sa cezň.

Alla fine cenarono al buio.

Nakoniec večerali v tme.

Buck si rannicchiò accanto alla roccia, al riparo dal vento freddo.

Buck sa schúlil pri skale, chránený pred studeným vetrom.

Il posto era così caldo e sicuro che Buck non voleva andarsene.

Miesto bolo také teplé a bezpečné, že Buck nerád odchádzal.

Ma François aveva scaldato il pesce e stava distribuendo le razioni.

Ale François zohrial rybu a rozdával prídely.

Buck finì di mangiare in fretta e tornò a letto.

Buck rýchlo dojedol a vrátil sa do postele.

Ma Spitz ora giaceva dove Buck aveva preparato il suo letto.

Ale Spitz teraz ležal tam, kde mu Buck pripravil posteľ.

Un ringhio basso avvertì Buck che Spitz si rifiutava di muoversi.

Tiché zavrčanie varovalo Bucka, že Spitz sa odmieta pohnúť.

Finora Buck aveva evitato lo scontro con Spitz.

Buck sa doteraz tomuto súboju so Spitzom vyhýbal.

Ma nel profondo di Buck la bestia alla fine si liberò.

Ale hlboko v Buckovom vnútri sa beštia nakoniec uvoľnila.

Il furto del suo posto letto era troppo da tollerare.

Krádež jeho miesta na spanie bola priveľa na to, aby ju toleroval.

Buck si lanciò contro Spitz, pieno di rabbia e furore.

Buck sa vrhol na Spitza, plný hnevu a zúrivosti.

Fino a quel momento Spitz aveva pensato che Buck fosse solo un grosso cane.

Až donedávna si Spitz myslel, že Buck je len veľký pes.

Non pensava che Buck fosse sopravvissuto grazie al suo spirito.

Nemyslel si, že Buck prežil vďaka svojmu duchu.

Si aspettava paura e codardia, non furia e vendetta.

Očakával strach a zbabelosť, nie zúrivosť a pomstu.

François rimase a guardare mentre entrambi i cani schizzavano fuori dal nido in rovina.

François zízal, akʊ obaja psi vybehli zo zničeného hniezda.

Capì subito cosa aveva scatenato quella violenta lotta.

Hneď pochopil, čo spustilo ten divoký boj.

"Aa-ah!" gridò François in sostegno del cane marrone.

„Ááá!" zvolal François na podporu hnedého psa.

"Dategli una bella lezione! Per Dio, punite quel ladro furbo!"

„Dajte mu výprask! Preboha, potrestajte toho prefíkaného zlodeja!"

Spitz dimostrò altrettanta prontezza e fervore nel combattere.

Spitz prejavoval rovnakú pripravenosť a divokú dychtivosť do boja.

Gridò di rabbia mentre girava velocemente in tondo, cercando un varco.

Zúrivo vykríkol a rýchlo krúžil, hľadajúc otvor.

Buck mostrò la stessa fame di combattere e la stessa cautela.

Buck prejavoval rovnakú túžbu po boji a rovnakú opatrnosť.

Anche lui girò intorno al suo avversario, cercando di avere la meglio nella battaglia.

Obišiel aj svojho súpera a snažil sa získať v boji prevahu.

Poi accadde qualcosa di inaspettato e cambiò tutto.

Potom sa stalo niečo nečakané a všetko sa zmenilo.

Quel momento ritardò l'eventuale lotta per la leadership.

Tento moment oddialil prípadný boj o vedenie.

Ci sarebbero ancora molti chilometri di sentiero e di lotta da percorrere prima della fine.

Pred koncom ich čakalo ešte veľa kilometrov cesty a úsilia.

Perrault urlò un'imprecazione mentre una mazza colpiva l'osso.

Perrault zakričal kliatbu, keď palica narazila do kosti.

Seguì un acuto grido di dolore, poi il caos esplose tutt'intorno.

Nasledoval ostrý výkrik bolesti a potom všade naokolo explodoval chaos.

Forme scure si muovevano nell'accampamento: husky selvatici, affamati e feroci.

V tábore sa pohybovali tmavé postavy; divé husky, vyhladované a zúrivé.

Quattro o cinque dozzine di husky avevano fiutato l'accampamento da molto lontano.

Štyri alebo päť desiatok huskyov vyňuchalo tábor už z diaľky.

Si erano introdotti furtivamente mentre i due cani litigavano lì vicino.

Ticho sa vkradli dnu, zatiaľ čo sa neďaleko bili dva psy.

François e Perrault si lanciarono all'attacco, colpendo con i manganelli gli invasori.

François a Perrault zaútočili a mávali palicami na útočníkov.

Gli husky affamati mostrarono i denti e si dibatterono freneticamente.

Vyhladované husky ukázali zuby a zúrivo sa bránili.

L'odore della carne e del pane li aveva fatti superare ogni paura.

Vôňa mäsa a chleba ich zahnala za všetok strach.

Perrault picchiò un cane che aveva nascosto la testa nella buca delle vivande.

Perrault zbil psa, ktorý si zaboril hlavu do boxu s jedlom.

Il colpo fu violento e la scatola si ribaltò, facendo fuoriuscire il cibo.

Úder bol silný, krabica sa prevrátila a jedlo sa z nej vysypalo.

Nel giro di pochi secondi, una ventina di bestie feroci si avventarono sul pane e sulla carne.

V priebehu niekoľkých sekúnd sa do chleba a mäsa roztrhalo množstvo divých zvierat.

I bastoni degli uomini sferrarono un colpo dopo l'altro, ma nessun cane si allontanò.

Pánske palice zasadzovali úder za úderom, ale ani jeden pes sa neodvrátil.

Urlavano di dolore, ma continuarono a lottare finché non rimase più cibo.

Zavýjali od bolesti, ale bojovali, kým im nezostalo žiadne jedlo.

Nel frattempo i cani da slitta erano saltati giù dalle loro culle innevate.

Medzitým saňové psy vyskočili zo svojich zasnežených lôžok.

Furono immediatamente attaccati dai feroci e affamati husky.

Okamžite ich napadli zúriví hladní husky.

Buck non aveva mai visto prima creature così selvagge e affamate.

Buck ešte nikdy nevidel také divé a vyhladované tvory.

La loro pelle pendeva flaccida, nascondendo a malapena lo scheletro.

Ich koža visela voľne a ledva zakrývala ich kostry.

C'era un fuoco nei loro occhi, per fame e follia

V ich očiach bol oheň od hladu a šialenstva

Non c'era modo di fermarli, di resistere al loro assalto selvaggio.

Nedalo sa ich zastaviť; nedalo sa odolať ich divokému náporu.

I cani da slitta vennero spinti indietro e premuti contro la parete della scogliera.

Záprahové psy boli zatlačené dozadu a pritlačené k stene útesu.

Tre husky attaccarono Buck contemporaneamente, lacerandogli la carne.

Na Bucka naraz zaútočili traja huskyji a trhali mu mäso.

Il sangue gli colava dalla testa e dalle spalle, dove era stato tagliato.

Z hlavy a ramien, kde bol porezaný, mu tiekla krv.

Il rumore riempì l'accampamento: ringhi, guaiti e grida di dolore.

Hluk naplnil tábor; vrčanie, kvílenie a výkriky bolesti.

Billee pianse forte, come al solito, presa dal panico e dalla mischia.

Billee hlasno plakala, ako zvyčajne, zasiahnutá rozruchom a panikou.

Dave e Solleks rimasero fianco a fianco, sanguinanti ma con aria di sfida.

Dave a Solleks stáli vedľa seba, krvácali, ale vzdorovito.

Joe lottava come un demonio, mordendo tutto ciò che gli si avvicinava.

Joe bojoval ako démon a hrýzol všetko, čo sa k nemu priblížilo.

Con un violento schiocco di mascelle schiacciò la zampa di un husky.

Jedným brutálnym cvaknutím čeľustí rozdrvil huskymu nohu.

Pike saltò sull'husky ferito e gli ruppe il collo all'istante.

Šťuka skočila na zraneného huskyho a okamžite mu zlomila krk.

Buck afferrò un husky per la gola e gli strappò la vena.

Buck chytil huskyho za hrdlo a roztrhol mu žilu.

Il sangue schizzò e il sapore caldo mandò Buck in delirio.

Krv striekala a teplá chuť priviedla Bucka do šialenstva.

Si lanciò contro un altro aggressore senza esitazione.

Bez váhania sa vrhol na ďalšieho útočníka.

Nello stesso momento, denti aguzzi si conficcarono nella gola di Buck.

V tej istej chvíli sa Buckovi do hrdla zaryli ostré zuby.

Spitz aveva colpito di lato, attaccando senza preavviso.

Spitz udrel zboku, útočil bez varovania.

Perrault e François avevano sconfitto i cani rubando il cibo.

Perrault a François porazili psy, ktoré kradli jedlo.

Ora si precipitarono ad aiutare i loro cani a respingere gli aggressori.

Teraz sa ponáhľali pomôcť svojim psom v boji proti útočníkom.

I cani affamati si ritirarono mentre gli uomini roteavano i loro manganelli.

Vyhladované psy ustúpili, keď muži mávali palicami.

Buck riuscì a liberarsi dall'attacco, ma la fuga fu breve.

Buck sa útoku vymanil, ale útek bol krátky.

Gli uomini corsero a salvare i loro cani e gli husky tornarono ad attaccarli.

Muži sa rozbehli zachrániť svoje psy a husky sa opäť vyrojili.

Billee, spaventato e coraggioso, si lanciò nel branco di cani.

Billee, vystrašená a odvážna, skočila do svorky psov.

Ma poi fuggì attraverso il ghiaccio, in preda al terrore e al panico.

Ale potom utiekol cez ľad, v čírej hrôze a panike.

Pike e Dub li seguirono da vicino, correndo per salvarsi la vita.

Pike a Dub ich nasledovali tesne za nimi a bežali, akoby si o život šlo.

Il resto della squadra si disperse e li inseguì.

Zvyšok tímu sa rozpŕchol a nasledoval ich.

Buck raccolse le forze per correre, ma poi vide un lampo.

Buck pozbieral sily, aby utiekol, ale potom zazrel záblesk.

Spitz si lanciò verso Buck, cercando di buttarlo a terra.

Spitz sa vrhol na Bucka a snažil sa ho zraziť na zem.

Sotto quella banda di husky, Buck non avrebbe avuto scampo.

Pod tou skupinou huskyov by Buck nemal únik.

Ma Buck rimase fermo e si preparò al colpo di Spitz.
Buck však stál pevne a pripravoval sa na Spitzov úder.
Poi si voltò e corse sul ghiaccio con la squadra in fuga.
Potom sa otočil a vybehol na ľad s utekajúcim tímom.

Più tardi i nove cani da slitta si radunarono al riparo del bosco.
Neskôr sa deväť záprahových psov zhromaždilo v úkryte lesa.
Nessuno li inseguiva più, ma erano malconci e feriti.
Nikto ich už neprenasledoval, ale boli dobití a zranení.
Ogni cane presentava delle ferite: quattro o cinque tagli profondi su ogni corpo.
Každý pes mal rany; štyri alebo päť hlbokých rezných rán na tele.
Dub aveva una zampa posteriore ferita e ora faceva fatica a camminare.
Dub mal zranenú zadnú nohu a teraz sa mu ťažko chodilo.
Dolly, l'ultimo cane arrivato da Dyea, aveva la gola tagliata.
Dolly, najnovší pes z Dyea, mal podrezané hrdlo.
Joe aveva perso un occhio e l'orecchio di Billee era stato tagliato a pezzi
Joe prišiel o oko a Billee malo rozrezané ucho na kusy.
Tutti i cani piansero per il dolore e la sconfitta durante la notte.
Všetky psy celú noc kričali od bolesti a porážky.
All'alba tornarono lentamente all'accampamento, doloranti e distrutti.
Za úsvitu sa vkradli späť do tábora, dounavení a zlomení.
Gli husky erano scomparsi, ma il danno era fatto.
Husky zmizli, ale škoda už bola napáchaná.
Perrault e François erano di pessimo umore e osservavano le rovine.
Perrault a François stáli nad ruinami v zlej nálade.
Metà del cibo era sparito, rubato dai ladri affamati.
Polovica jedla bola preč, uchmatli ju hladní zlodeji.
Gli husky avevano strappato le corde e la tela della slitta.
Husky pretrhli viazania saní a plachtu.

Tutto ciò che aveva odore di cibo era stato divorato completamente.

Všetko, čo voňalo jedlom, bolo úplne zjedené.

Mangiarono un paio di stivali da viaggio in pelle di alce di Perrault.

Zjedli pár Perraultových cestovných čižiem z losej kože.

Hanno masticato le pelli e rovinato i cinturini rendendoli inutilizzabili.

Hrýzli kožené remienky a ničili remienky na nič.

François smise di fissare la frusta strappata per controllare i cani.

François prestal hľadieť na roztrhanú šnúru, aby skontroloval psy.

«Ah, amici miei», disse con voce bassa e preoccupata.

„Ach, priatelia moji," povedal tichým hlasom plným starostí.

"Forse tutti questi morsi vi trasformeranno in bestie pazze."

„Možno z vás všetky tieto uhryznutia urobia šialené beštie."

"Forse tutti cani rabbiosi, sacredam! Che ne pensi, Perrault?"

„Možno všetky besné psy, posvätný jaj! Čo si o tom myslíš, Perrault?"

Perrault scosse la testa, con gli occhi scuri per la preoccupazione e la paura.

Perrault pokrútil hlavou, oči mu stmavli od obáv a strachu.

C'erano ancora quattrocento miglia tra loro e Dawson.

Od Dawsona ich stále delilo štyristo míľ.

La follia dei cani potrebbe ormai distruggere ogni possibilità di sopravvivenza.

Psie šialenstvo by teraz mohlo zničiť akúkoľvek šancu na prežitie.

Hanno passato due ore a imprecare e a cercare di riparare l'attrezzatura.

Strávili dve hodiny nadávaním a snahou opraviť výstroj.

La squadra ferita alla fine lasciò l'accampamento, distrutta e sconfitta.

Zranený tím nakoniec opustil tábor, zlomený a porazený.

Questo è stato il sentiero più duro finora e ogni passo è stato doloroso.

Toto bola doteraz najťažšia trasa a každý krok bol bolestivý.

Il fiume Thirty Mile non era ghiacciato e scorreva impetuoso.

Rieka Tridsaťmíľa nezamrzla a divoko prúdila.

Soltanto nei punti calmi e nei vortici il ghiaccio riusciva a resistere.

Ľad sa dokázal udržať iba na pokojných miestach a vo víriacich sa víroch.

Trascorsero sei giorni di duro lavoro per percorrere le trenta miglia.

Uplynulo šesť dní tvrdej práce, kým boli prekonaní tridsať míľ.

Ogni miglio del sentiero porta con sé pericoli e minacce di morte.

Každá míľa chodníka prinášala nebezpečenstvo a hrozbu smrti.

Uomini e cani rischiavano la vita a ogni passo doloroso.

Muži a psy riskovali svoje životy pri každom bolestivom kroku.

Perrault riuscì a superare i sottili ponti di ghiaccio una dozzina di volte.

Perrault prerazil tenké ľadové mosty tucetkrát.

Prese un palo e lo lasciò cadere nel buco creato dal suo corpo.

Niesol tyč a nechal ju spadnúť cez dieru, ktorú vytvorilo jeho telo.

Quel palo salvò Perrault più di una volta dall'annegamento.

Táto tyč viackrát zachránila Perraulta pred utopením.

L'ondata di freddo persisteva, la temperatura era di cinquanta gradi sotto zero.

Chlad sa udržal, vzduch mal päťdesiat stupňov pod nulou.

Ogni volta che cadeva, Perrault era costretto ad accendere un fuoco per sopravvivere.

Vždy, keď Perrault spadol do ohňa, musel si založiť oheň, aby prežil.

Gli abiti bagnati si congelavano rapidamente, perciò li faceva asciugare vicino al calore cocente.

Mokré oblečenie rýchlo mrzlo, a tak ho sušil blízko prudkého tepla.

Perrault non provava mai paura, e questo faceva di lui un corriere.

Perraulta nikdy nepochytil strach, a to z neho robilo kuriéra.

Fu scelto per affrontare il pericolo e lo affrontò con silenziosa determinazione.

Bol vyvolený pre nebezpečenstvo a čelil mu s tichým odhodlaním.

Si spinse in avanti controvento, con il viso raggrinzito e congelato.

Tlačil sa dopredu do vetra, scvrknutú tvár mal omrznutú.

Perrault li guidò in avanti dall'alba al tramonto.

Od slabého úsvitu do súmraku ich Perrault viedol vpred.

Camminava sul ghiaccio sottile che scricchiolava a ogni passo.

Kráčal po úzkom okraji ľadu, ktorý pri každom kroku praskal.

Non osavano fermarsi: ogni pausa rischiava di provocare un crollo mortale.

Neodvážili sa zastaviť – každá pauza riskovala smrteľný kolaps.

Una volta la slitta si ruppe, trascinando dentro Dave e Buck.

Raz sa sane pretrhli a stiahli Davea a Bucka dnu.

Quando furono liberati, entrambi erano quasi congelati.

Keď ich vytiahli na slobodu, obaja boli takmer omrznutí.

Gli uomini accesero rapidamente un fuoco per salvare Buck e Dave.

Muži rýchlo založili oheň, aby Bucka a Davea udržali nažive.

I cani erano ricoperti di ghiaccio dal naso alla coda, rigidi come legno intagliato.

Psy boli od nosa po chvost pokryté ľadom, stuhnuté ako vyrezávané drevo.

Gli uomini li fecero correre in cerchio vicino al fuoco per scongelarne i corpi.

Muži ich krúžili pri ohni, aby im rozmrazili telá.

Si avvicinarono così tanto alle fiamme che la loro pelliccia rimase bruciacchiata.

Prišli tak blízko k plameňom, že im spálili srsť.

Spitz ruppe poi il ghiaccio, trascinando dietro di sé la squadra.

Spitz sa predral cez ľad a stiahol za sebou tím.

La frenata arrivava fino al punto in cui Buck stava tirando.

Zlom siahal až k miestu, kde Buck ťahal.

Buck si appoggiò bruscamente allo schienale, con le zampe che scivolavano e tremavano sul bordo.

Buck sa prudko oprel dozadu, labky sa mu šmýkali a triasli sa na okraji.

Anche Dave si sforzò all'indietro, proprio dietro Buck sulla linea.

Dave sa tiež napnul dozadu, hneď za Bucka na lane.

François tirava la slitta e i suoi muscoli scricchiolavano per lo sforzo.

François ťahal sane, svaly mu praskali od námahy.

Un'altra volta, il ghiaccio del bordo si è crepato davanti e dietro la slitta.

Inokedy okrajový ľad praskol pred a za saňami.

Non avevano altra via d'uscita se non quella di arrampicarsi su una parete ghiacciata.

Nemali inú cestu von, len vyliezť na zamrznutú stenu útesu.

In qualche modo Perrault riuscì a scalare il muro: un miracolo lo tenne in vita.

Perrault sa nejako prešplhal na múr; zázrak ho udržal nažive.

François rimase sottocoperta, pregando che gli capitasse la stessa fortuna.

François zostal dole a modlil sa za rovnaké šťastie.

Legarono ogni cinghia, legatura e tirante in un'unica lunga corda.

Zviazali každý popruh, šnúru a lano do jedného dlhého lana.

Gli uomini trascinarono i cani uno alla volta fino in cima.

Muži vytiahli každého psa hore, jedného po druhom, na vrchol.

François salì per ultimo, dopo la slitta e tutto il carico.

François liezol posledný, po saniach a celom náklade.

Poi iniziò una lunga ricerca di un sentiero che scendesse dalle scogliere.

Potom sa začalo dlhé hľadanie cesty dole z útesov.

Alla fine scesero utilizzando la stessa corda che avevano costruito.

Nakoniec zostúpili pomocou toho istého lana, ktoré si vyrobili.

Scese la notte mentre tornavano al letto del fiume, esausti e doloranti.

Zotmelo sa, keď sa vyčerpaní a ubolení vracali do koryta rieky.

Avevano impiegato un giorno intero per percorrere solo un quarto di miglio.

Trvalo im celý deň, kým prešli len štvrť míle.

Quando giunsero all'Hootalinqua, Buck era sfinito.

Keď dorazili k Hootalinquovi, Buck bol vyčerpaný.

Anche gli altri cani soffrivano le stesse condizioni del sentiero.

Ostatné psy trpeli rovnako ťažko kvôli podmienkam na chodníku.

Ma Perrault aveva bisogno di recuperare tempo e li spingeva avanti giorno dopo giorno.

Perrault však potreboval získať späť čas a každý deň ich tlačil vpred.

Il primo giorno percorsero trenta miglia fino a Big Salmon.

Prvý deň precestovali tridsať míľ do Big Salmonu.

Il giorno dopo percorsero trentacinque miglia fino a Little Salmon.

Na druhý deň precestovali tridsaťpäť míľ do Little Salmon.

Il terzo giorno percorsero quaranta miglia ghiacciate.

Na tretí deň sa pretlačili cez dlhých štyridsať kilometrov zamrznutých oblastí.

A quel punto si stavano avvicinando all'insediamento di Five Fingers.

V tom čase sa už blížili k osade Five Fingers.

I piedi di Buck erano più morbidi di quelli duri degli husky autoctoni.

Buckove nohy boli mäkšie ako tvrdé nohy pôvodných huskyov.

Le sue zampe erano diventate tenere nel corso di molte generazioni civilizzate.

Jeho labky zoslabli počas mnohých civilizovaných generácií.

Molto tempo fa, i suoi antenati erano stati addomesticati dagli uomini del fiume o dai cacciatori.

Kedysi dávno boli jeho predkovia skrotení riečnymi ľuďmi alebo lovcami.

Ogni giorno Buck zoppicava per il dolore, camminando con le zampe screpolate e doloranti.

Buck každý deň kríval od bolesti a chodil po odumretých, boľavých labkách.

Giunto all'accampamento, Buck cadde come un corpo senza vita sulla neve.

V tábore Buck klesol ako bezvládne telo na sneh.

Sebbene fosse affamato, Buck non si alzò per consumare il pasto serale.

Hoci bol hladný, Buck nevstal, aby zjedol večeru.

François portò la sua razione a Buck, mettendogli del pesce vicino al muso.

François priniesol Buckovi jeho prídel a položil mu rybu pri papuli.

Ogni notte l'autista massaggiava i piedi di Buck per mezz'ora.

Každú noc vodič pol hodiny masíroval Buckove nohy.

François arrivò persino a tagliare i suoi mocassini per farne delle calzature per cani.

François si dokonca nastrihal vlastné mokasíny, aby z nich vyrobil obuv pre psov.

Quattro scarpe calde diedero a Buck un grande e gradito sollievo.

Štyri teplé topánky poskytli Buckovi veľkú a vítanú úľavu.

Una mattina François dimenticò le scarpe e Buck si rifiutò di alzarsi.

Jedného rána si François zabudol topánky a Buck odmietol vstať.

Buck giaceva sulla schiena, con i piedi in aria, e li agitava in modo pietoso.

Buck ležal na chrbte s nohami vo vzduchu a žalostne nimi mával.

Persino Perrault sorrise alla vista dell'appello drammatico di Buck.

Dokonca aj Perrault sa uškrnul pri pohľade na Buckovu dramatickú prosbu.

Ben presto i piedi di Buck diventarono duri e le scarpe poterono essere tolte.

Buckovi čoskoro stvrdli nohy a topánky sa mohli vyzuť.

A Pelly, durante il periodo in cui veniva imbrigliata, Dolly emise un ululato terribile.

V Pelly, počas zapredávania, Dolly vydala strašný výkrik.

Il grido era lungo e pieno di follia, e fece tremare tutti i cani.

Krik bol dlhý a plný šialenstva, triasol každým psom.

Ogni cane si rizzava per la paura, senza capirne il motivo.

Každý pes sa od strachu ježil bez toho, aby vedel prečo.

Dolly era impazzita e si era scagliata contro Buck.

Dolly sa zbláznila a vrhla sa priamo na Bucka.

Buck non aveva mai visto la follia, ma l'orrore gli riempì il cuore.

Buck nikdy nevidel šialenstvo, ale hrôza mu naplnila srdce.

Senza pensarci due volte, si voltò e fuggì in preda al panico più assoluto.

Bez rozmýšľania sa otočil a v panike utiekol.

Dolly lo inseguì, con gli occhi selvaggi e la saliva che le colava dalle fauci.

Dolly ho prenasledovala s divokými očami a slinami, ktoré jej tiekli z čeľustí.

Si tenne sempre dietro a Buck, senza mai guadagnare terreno e senza mai indietreggiare.

Držala sa tesne za Buckom, nikdy ho nepredbiehala ani neustupovala.

Buck corse attraverso i boschi, giù per l'isola, sul ghiaccio frastagliato.

Buck bežal lesom, dolu ostrovom, cez rozoklaný ľad.

Attraversò un'isola, poi un'altra, per poi tornare indietro verso il fiume.

Prešiel k ostrovu, potom k ďalšiemu a vrátil sa späť k rieke.

Dolly continuava a inseguirlo, ringhiando sempre più forte a ogni passo.

Dolly ho stále prenasledovala a vrčala za ním pri každom kroku.

Buck poteva sentire il suo respiro e la sua rabbia, anche se non osava voltarsi indietro.

Buck počul jej dych a zúrivosť, hoci sa neodvážil obzrieť späť.

François gridò da lontano e Buck si voltò verso la voce.

François zakričal z diaľky a Buck sa otočil za hlasom.

Ancora senza fiato, Buck corse oltre, riponendo ogni speranza in François.

Buck stále lapal po dychu a prebehol okolo, vkladajúc všetku nádej vo Françoisa.

Il conducente del cane sollevò un'ascia e aspettò che Buck gli passasse accanto.

Psár zdvihol sekeru a čakal, kým okolo preletí Buck.

L'ascia calò rapidamente e colpì la testa di Dolly con forza mortale.

Sekera rýchlo dopadla a udrela Dolly do hlavy smrtiacou silou.

Buck crollò vicino alla slitta, ansimando e incapace di muoversi.

Buck sa zrútil blízko saní, sipel a neschopný sa pohnúť.

Quel momento diede a Spitz la possibilità di colpire un nemico esausto.

V tej chvíli mal Spitz šancu zasiahnuť vyčerpaného súpera.

Morse Buck due volte, strappandogli la carne fino all'osso bianco.

Dvakrát uhryzol Bucka a roztrhal mu mäso až po bielu kosť.

La frusta di François schioccò, colpendo Spitz con tutta la sua forza, con furia.

Françoisov bič praskol a udrel Spitza plnou, zúrivou silou.

Buck guardò con gioia Spitz mentre riceveva il pestaggio più duro fino a quel momento.

Buck s radosťou sledoval, ako Spitz dostáva svoj doteraz najtvrdší výprask.

«È un diavolo, quello Spitz», borbottò Perrault tra sé e sé.

„Je to diabol, ten Spitz," zamrmlal si Perrault temne popod nos.

"Un giorno o l'altro, quel cane maledetto ucciderà Buck, lo giuro."

„Jedného dňa čoskoro ten prekliaty pes zabije Bucka – prisahám."

«Quel Buck ha due diavoli dentro di sé», rispose François annuendo.

„Ten Buck má v sebe dvoch diablov," odpovedal François s prikývnutím.

"Quando osservo Buck, so che dentro di lui si cela qualcosa di feroce."

„Keď sledujem Bucka, viem, že v ňom čaká niečo zúrivé."

"Un giorno, si infurierà come il fuoco e farà a pezzi Spitz."

„Jedného dňa sa rozzúri ako oheň a roztrhá Špica na kusy."

"Masticherà quel cane e lo sputerà sulla neve ghiacciata."

„Rozohryzie toho psa a vypľuje ho na zamrznutý sneh."

"Certo, lo so fin nel profondo."

„Jasné, že to viem hlboko v kostiach."

Da quel momento in poi, i due cani furono in guerra tra loro.

Od tej chvíle boli medzi týmito dvoma psami vojna.

Spitz guidava la squadra e deteneva il potere, ma Buck lo sfidava.

Spitz viedol tím a mal moc, ale Buck to spochybnil.

Spitz si rese conto che il suo rango era minacciato da questo strano straniero del Sud.

Spitz videl, ako tento zvláštny cudzinec z Juhu ohrozuje jeho hodnosť.

Buck era diverso da tutti i cani del sud che Spitz aveva conosciuto fino ad allora.

Buck sa nepodobal žiadnemu južanskému psovi, akého Spitz predtým poznal.

La maggior parte di loro fallì: troppo deboli per sopravvivere al freddo e alla fame.

Väčšina z nich zlyhala – boli príliš slabí na to, aby prežili zimu a hlad.

Morirono rapidamente a causa del lavoro, del gelo e del lento bruciare della carestia.

Rýchlo umierali pod prácou, mrazom a pomalým horením hladomoru.

Buck si distingueva: ogni giorno più forte, più intelligente e più selvaggio.

Buck vyčnieval z davu – silnejší, múdrejší a každý deň divokejší.

Ha prosperato nonostante le difficoltà, crescendo al pari degli husky del nord.

Darilo sa mu v ťažkostiach a vyrástol tak, aby sa vyrovnal severným huskyom.

Buck era dotato di forza, abilità straordinaria e un istinto paziente e letale.

Buck mal silu, divokú zručnosť a trpezlivý, smrtiaci inštinkt.

L'uomo con la mazza aveva annientato Buck per fargli perdere la temerarietà.

Muž s palicou z Bucka vyhnal unáhlenosť.

La furia cieca se n'era andata, sostituita da un'astuzia silenziosa e dal controllo.

Slepá zúrivosť bola preč, nahradila ju tichá prefíkanosť a sebakontrola.

Attese, calmo e primordiale, in attesa del momento giusto.

Čakal, pokojný a prapôvodný, vyčkával na správny okamih.

La loro lotta per il comando divenne inevitabile e chiara.

Ich boj o velenie sa stal nevyhnutným a jasným.

Buck desiderava la leadership perché il suo spirito la richiedeva.

Buck túžil po vedení, pretože si to vyžadoval jeho duch.

Era spinto da quello strano orgoglio che nasceva dal sentiero e dall'imbracatura.

Poháňala ho zvláštna hrdosť prameniaca z cesty a postroja.

Quell'orgoglio faceva sì che i cani tirassero fino a crollare sulla neve.

Tá hrdosť nútila psy ťahať, až kým sa nezrútili na sneh.

L'orgoglio li spinse a dare tutta la forza che avevano.

Pýcha ich lákala k tomu, aby vydali všetku svoju silu.

L'orgoglio può trascinare un cane da slitta fino al punto di ucciderlo.

Pýcha dokáže zlákať záprahového psa až na smrť.

Perdere l'imbracatura rendeva i cani deboli e senza scopo.

Strata postroja zanechala psy zlomené a bez účelu.

Il cuore di un cane da slitta può essere spezzato dalla vergogna quando va in pensione.

Srdce záprahového psa môže byť zdrvené hanbou, keď odíde do dôchodku.

Dave viveva con questo orgoglio mentre trascinava la slitta da dietro.

Dave žil z tejto hrdosti, keď ťahal sane zozadu.

Anche Solleks diede il massimo con cupa forza e lealtà.

Aj Solleks zo seba vydal všetko s pochmúrnou silou a lojalitou.

Ogni mattina l'orgoglio li trasformava da amareggiati a determinati.

Každé ráno ich pýcha zmenila zo zatrpknutosti na odhodlanie.

Spinsero per tutto il giorno, poi tacquero una volta giunti alla fine dell'accampamento.

Celý deň sa tlačili a potom na konci tábora stíchli.

Quell'orgoglio diede a Spitz la forza di mettere in riga i fannulloni.

Táto hrdosť dala Spitzovi silu predbehnúť tých, ktorí sa vyhýbali zodpovednosti.

Spitz temeva Buck perché Buck nutriva lo stesso profondo orgoglio.

Spitz sa Bucka bál, pretože Buck v sebe niesol rovnakú hlbokú hrdosť.

L'orgoglio di Buck ora si agitò contro Spitz, ma lui non si fermò.

Buckova hrdosť sa teraz vzbúrila proti Spitzovi a nezastavil sa.

Buck sfidò il potere di Spitz e gli impedì di punire i cani.

Buck sa vzoprel Spitzovej moci a zabránil mu v trestaní psov.

Quando gli altri fallivano, Buck si frapponeva tra loro e il loro capo.

Keď iní zlyhali, Buck sa postavil medzi nich a ich vodcu.

Lo fece con intenzione, rendendo la sua sfida aperta e chiara.

Urobil to zámerne, čím svoju výzvu vyjadril otvorene a jasne.

Una notte una forte nevicata coprì il mondo in un profondo silenzio.

Jednej noci husté sneženie zahalilo svet hlbokým tichom.

La mattina dopo, Pike, pigro come sempre, non si alzò per andare al lavoro.

Nasledujúce ráno Pike, lenivý ako vždy, nevstal do práce.

Rimase nascosto nel suo nido sotto uno spesso strato di neve.

Zostal schovaný vo svojom hniezde pod hrubou vrstvou snehu.

François gridò e cercò, ma non riuscì a trovare il cane.

François zavolal a hľadal, ale psa nenašiel.

Spitz si infuriò e si scagliò contro l'accampamento coperto di neve.

Spitz sa rozzúril a vbehol cez zasnežený tábor.

Ringhiò e annusò, scavando freneticamente con gli occhi fiammeggianti.

Vrčal a čuchal, šialene hrabal s planúcimi očami.

La sua rabbia era così violenta che Pike tremava sotto la neve per la paura.

Jeho zúrivosť bola taká prudká, že sa Šťuka triasla pod snehom od strachu.

Quando finalmente Pike fu trovato, Spitz si lanciò per punire il cane nascosto.

Keď Pikea konečne našli, Spitz sa vrhol na skrývajúceho sa psa, aby ho potrestal.

Ma Buck si scagliò tra loro con una furia pari a quella di Spitz.

Ale Buck medzi nich skočil s rovnakou zúrivosťou ako Spitzova.

L'attacco fu così improvviso e astuto che Spitz cadde a terra.

Útok bol taký náhly a šikovný, že Spitz spadol z nôh.

Pike, che tremava, trasse coraggio da questa sfida.

Pike, ktorý sa celý triasol, nabral z tohto vzdoru odvahu.

Seguendo l'audace esempio di Buck, saltò sullo Spitz caduto.

Skočil na padlého Špica, nasledujúc Buckov odvážny príklad.

Buck, non più vincolato dall'equità, si unì allo sciopero di Spitz.

Buck, už neviazaný spravodlivosťou, sa pridal k štrajku na Spitzi.

François, divertito ma fermo nella disciplina, agitò la sua pesante frusta.

François, pobavený, no zároveň neochvejný v disciplíne, švihol ťažkým bičom.

Colpì Buck con tutta la sua forza per interrompere la rissa.

Z celej sily udrel Bucka, aby prerušil bitku.

Buck si rifiutò di muoversi e rimase in groppa al capo caduto.

Buck sa odmietol pohnúť a zostal na vrchole padlého vodcu.

François allora usò il manico della frusta e colpì Buck con violenza.

François potom použil rúčku biča a silno udrel Bucka.

Barcollando per il colpo, Buck cadde all'indietro sotto l'assalto.

Buck sa potácal pod úderom a spadol pod útokom.

François colpì più volte mentre Spitz puniva Pike.

François udrel znova a znova, zatiaľ čo Spitz trestal Pikea.

Passarono i giorni e Dawson City si avvicinava sempre di più.

Dni plynuli a Dawson City sa približovalo a približovalo.

Buck continuava a intromettersi, infilandosi tra Spitz e gli altri cani.

Buck sa stále miešal a vkĺzaval medzi Špica a ostatné psy.

Sceglieva bene i suoi momenti, aspettando sempre che François se ne andasse.

Dobre si vyberal chvíle, vždy čakal, kým François odíde.

La ribellione silenziosa di Buck si diffuse e il disordine prese piede nella squadra.

Buckova tichá vzbura sa šírila a v tíme sa zakorenil neporiadok.

Dave e Solleks rimasero leali, ma altri diventarono indisciplinati.

Dave a Solleks zostali verní, ale iní sa stali neposlušnými.

La squadra peggiorò: divenne irrequieta, litigiosa e fuori luogo.

Tím sa zhoršoval – bol nepokojný, hádavý a nesúrodý.

Ormai niente filava liscio e le liti diventavano all'ordine del giorno.

Nič už nefungovalo hladko a bitky sa stali bežnými.

Buck rimase sempre al centro dei guai, provocando disordini.

Buck zostal v centre diania a neustále vyvolával nepokoje.

François rimase vigile, temendo la lotta tra Buck e Spitz.

François zostal v strehu, pretože sa bál bitky medzi Buckom a Spitzom.

Ogni notte veniva svegliato da zuffe e temeva che finalmente fosse arrivato l'inizio.

Každú noc ho budili šarvátky, pretože sa bál, že konečne nastal začiatok.

Balzò fuori dalla veste, pronto a interrompere la rissa.

Vyskočil zo svojho rúcha, pripravený prerušiť boj.

Ma il momento non arrivò mai e alla fine raggiunsero Dawson.

Ale tá chvíľa nikdy neprišla a konečne dorazili do Dawsonu.

La squadra entrò in città in un pomeriggio cupo, teso e silenzioso.

Tím v jedno pochmúrne popoludnie vstúpil do mesta, napätý a tichý.

La grande battaglia per la leadership era ancora sospesa nell'aria gelida.

Veľký boj o vedenie stále visel v zamrznutom vzduchu.

Dawson era piena di uomini e cani da slitta, tutti impegnati nel lavoro.

Dawson bol plný mužov a záprahových psov, všetci boli zaneprázdnení prácou.

Buck osservava i cani trainare i carichi dalla mattina alla sera.

Buck sledoval, ako psy ťahajú bremená od rána do večera.

Trasportavano tronchi e legna da ardere e spedivano rifornimenti alle miniere.

Prepravovali polená a palivové drevo, prepravovali zásoby do baní.

Nel Southland, dove un tempo lavoravano i cavalli, ora lavoravano i cani.

Tam, kde kedysi na Juhu pracovali kone, teraz namáhali psy.

Buck vide alcuni cani provenienti dal Sud, ma la maggior parte erano husky simili a lupi.

Buck videl niekoľko psov z juhu, ale väčšina z nich boli huskyja podobní vlkom.

Di notte, puntuali come un orologio, i cani alzavano la voce e cantavano.

V noci, ako hodinky, psy zvyšovali hlasy v speve.

Alle nove, a mezzanotte e di nuovo alle tre, il canto cominciò.

O deviatej, o polnoci a znova o tretej sa začal spev.

Buck amava unirsi al loro canto inquietante, selvaggio e antico nel suono.

Buck sa s nadšením pridával k ich strašidelnému spevu, divokému a starodávnemu.

L'aurora fiammeggiava, le stelle danzavano e la neve ricopriva la terra.

Polárna žiara vzplanula, hviezdy tancovali a krajinu pokrýval sneh.

Il canto dei cani si elevava come un grido contro il silenzio e il freddo pungente.

Psí spev sa zdvíhal ako krik proti tichu a krutej zime.

Ma il loro urlo esprimeva tristezza, non sfida, in ogni lunga nota.

Ale v každom dlhom tóne ich zavýjania bolo cítiť smútok, nie vzdor.

Ogni lamento era pieno di supplica: il peso stesso della vita.

Každý nárek bol plný prosieb; ťarcha samotného života.

Quella canzone era vecchia, più vecchia delle città e più vecchia degli incendi

Tá pieseň bola stará – staršia než mestá a staršia než požiare

Quel canto era più antico perfino delle voci degli uomini.

Tá pieseň bola ešte staršia než ľudské hlasy.

Era una canzone del mondo dei giovani, quando tutte le canzoni erano tristi.

Bola to pieseň z mladého sveta, keď boli všetky piesne smutné.

La canzone porta con sé il dolore di innumerevoli generazioni di cani.

Pieseň niesla smútok nespočetných generácií psov.

Buck percepì profondamente la melodia, gemendo per un dolore radicato nei secoli.

Buck hlboko precítil melódiu a stonal od bolesti zakorenenej vo vekoch.

Singhiozzava per un dolore antico quanto il sangue selvaggio nelle sue vene.

Vzlykal od žiaľu starého ako divoká krv v jeho žilách.

Il freddo, l'oscurità e il mistero toccarono l'anima di Buck.

Chlad, tma a tajomstvo sa dotkli Buckovej duše.

Quella canzone dimostrava quanto Buck fosse tornato alle sue origini.

Tá pieseň dokázala, ako ďaleko sa Buck vrátil k svojim koreňom.

Tra la neve e gli ululati aveva trovato l'inizio della sua vita.

Cez sneh a zavýjanie našiel začiatok svojho vlastného života.

Sette giorni dopo l'arrivo a Dawson, ripartirono.

Sedem dní po príchode do Dawsonu sa opäť vydali na cestu.

La squadra si è lanciata dalla caserma fino allo Yukon Trail.

Tím zostúpil z kasární dole na Yukon Trail.

Iniziarono il viaggio di ritorno verso Dyea e Salt Water.

Začali cestu späť k Dyea a Salt Water.

Perrault trasmise dispacci ancora più urgenti di prima.

Perrault nosil ešte naliehavejšie zásielky ako predtým.

Era anche preso dall'orgoglio per la corsa e puntava a stabilire un record.

Tiež ho pohltila hrdosť na trail a jeho cieľom bolo vytvoriť rekord.

Questa volta Perrault aveva diversi vantaggi.

Tentoraz bolo na Perraultovej strane niekoľko výhod.

I cani avevano riposato per un'intera settimana e avevano ripreso le forze.

Psy odpočívali celý týždeň a nabrali späť sily.

La pista che avevano tracciato era ora battuta da altri.

Chodník, ktorý vydláždili, teraz vydupali iní.

In alcuni punti la polizia aveva immagazzinato cibo sia per i cani che per gli uomini.

Na niektorých miestach mala polícia uskladnené jedlo pre psy aj mužov.

Perrault viaggiava leggero, si muoveva velocemente e aveva poco a cui aggrapparsi.

Perrault cestoval naľahko, pohyboval sa rýchlo a málo ho zaťažovalo.

La prima sera raggiunsero la Sixty-Mile, una corsa lunga 50 miglia.

Prvú noc dosiahli Sixty-Mile, päťdesiatmíľový beh.

Il secondo giorno risalirono rapidamente lo Yukon in direzione di Pelly.

Na druhý deň sa ponáhľali hore Yukonom smerom k Pelly.

Ma questi grandi progressi comportarono anche molta fatica per François.

Ale takýto pekný pokrok prišiel pre Françoisa s veľkou námahou.

La ribellione silenziosa di Buck aveva infranto la disciplina della squadra.

Buckova tichá vzbura narušila disciplínu v tíme.

Non si univano più come un'unica bestia al comando.
Už neťahali za jeden povraz ako jedna beštia v uzde.

Buck aveva spinto altri alla sfida con il suo coraggioso esempio.
Buck svojím odvážnym príkladom viedol ostatných k vzdoru.

L'ordine di Spitz non veniva più accolto con timore o rispetto.
Spitzov rozkaz sa už nestretával so strachom ani rešpektom.

Gli altri persero ogni timore reverenziale nei suoi confronti e osarono opporsi al suo governo.
Ostatní stratili k nemu úctu a odvážili sa vzoprieť jeho vláde.

Una notte, Pike rubò mezzo pesce e lo mangiò sotto gli occhi di Buck.
Jednej noci Pike ukradol pol ryby a zjedol ju Buckovi priamo pred očami.

Un'altra notte, Dub e Joe combatterono contro Spitz e rimasero impuniti.
Ďalšiu noc sa Dub a Joe pobili so Spitzom a zostali bez trestu.

Anche Billee gemette meno dolcemente e mostrò una nuova acutezza.
Dokonca aj Billee kňučala menej sladko a prejavila novú bystrosť.

Buck ringhiava a Spitz ogni volta che si incrociavano.
Buck zavrčal na Spitza vždy, keď sa im skrížili cesty.

L'atteggiamento di Buck divenne audace e minaccioso, quasi come quello di un bullo.
Buckov postoj sa stal odvážnym a hrozivým, takmer ako u tyrana.

Camminava avanti e indietro davanti a Spitz con un'andatura spavalda e piena di minaccia beffarda.
Prechádzal sa pred Spitzom s chvastavým výrazom plným posmešnej hrozby.

Questo crollo dell'ordine si diffuse anche tra i cani da slitta.
Tento kolaps poriadku sa rozšíril aj medzi záprahovými psami.

Litigarono e discussero più che mai, riempiendo l'accampamento di rumore.

Hádali sa a hádali viac ako kedykoľvek predtým, čím tábor naplnili hlukom.

Ogni notte la vita nel campeggio si trasformava in un caos selvaggio e ululante.

Život v tábore sa každú noc menil na divoký, zavýjajúci chaos.

Solo Dave e Solleks rimasero fermi e concentrati.

Iba Dave a Solleks zostali stabilní a sústredení.

Ma anche loro diventarono irascibili a causa delle continue risse.

Ale aj oni sa kvôli neustálym bitkám rozčúlili.

François imprecò in lingue strane e batté i piedi per la frustrazione.

François zanadával v zvláštnych jazykoch a frustrovane dupol nohami.

Si strappò i capelli e urlò mentre la neve gli volava sotto i piedi.

Trhal si vlasy a kričal, zatiaľ čo pod nohami lietal sneh.

La sua frusta schioccò contro il gruppo, ma a malapena riuscì a tenerli in riga.

Jeho bič šľahol po svorke, ale ledva ich udržal v rade.

Ogni volta che voltava le spalle, la lotta ricominciava.

Vždy, keď sa otočil chrbtom, boje vypukli znova.

François usò la frusta per Spitz, mentre Buck guidava i ribelli.

François použil bič pre Spitza, zatiaľ čo Buck viedol rebelov.

Ognuno conosceva il ruolo dell'altro, ma Buck evitava di addossare ogni colpa.

Každý poznal úlohu toho druhého, ale Buck sa vyhýbal akémukoľvek obviňovaniu.

François non ha mai colto Buck mentre iniziava una rissa o si sottraeva al suo lavoro.

François nikdy neprichytil Bucka pri začatí bitky alebo pri vyhýbaní sa práci.

Buck lavorava duramente ai finimenti: la fatica ora gli dava entusiasmo.

Buck tvrdo pracoval v postroji – drina teraz vzrušovala jeho ducha.

Ma trovava ancora più gioia nel fomentare risse e caos nell'accampamento.

Ale ešte väčšiu radosť nachádzal v rozdúchavaní bitiek a chaosu v tábore.

Una sera, alla foce del Tahkeena, Dub spaventò un coniglio.

Jedného večera pri Tahkeeninej papuli Dub vyplašil králika.

Mancò la presa e il coniglio con la racchetta da neve balzò via.

Nezachytil ho a zajac na snežniciach odskočil preč.

Nel giro di pochi secondi, l'intera squadra di slitte si lanciò all'inseguimento, gridando a squarciagola.

O niekoľko sekúnd sa celý záprah s divokým krikom dal do prenasledovania.

Nelle vicinanze, un accampamento della polizia del nord-ovest ospitava cinquanta cani husky.

Neďaleko sa v tábore severozápadnej polície nachádzalo päťdesiat psov husky.

Si unirono alla caccia, scendendo insieme il fiume ghiacciato.

Pridali sa k lovu a spoločne sa rútili dolu zamrznutou riekou.

Il coniglio lasciò il fiume e fuggì lungo il letto ghiacciato di un ruscello.

Králik odbočil z rieky a utekal hore zamrznutým korytom potoka.

Il coniglio saltellava leggero sulla neve mentre i cani si facevano strada a fatica.

Králik zľahka poskakoval po snehu, zatiaľ čo psy sa cezň predierali.

Buck guidava l'enorme branco di sessanta cani attorno a ogni curva tortuosa.

Buck viedol obrovskú svorku šesťdesiatich psov okolo každej kľukatej zákruty.

Si spinse in avanti, basso e impaziente, ma non riuscì a guadagnare terreno.

Tlačil sa vpred, nízko a dychtivo, ale nemohol sa presadiť.

Il suo corpo brillava sotto la pallida luna a ogni potente balzo.

Jeho telo sa mihalo pod bledým mesiacom s každým silným skokom.

Davanti a loro, il coniglio si muoveva come un fantasma, silenzioso e troppo veloce per essere catturato.

Pred nimi sa králik pohyboval ako duch, tichý a príliš rýchly na to, aby ho chytili.

Tutti quei vecchi istinti, la fame, l'eccitazione, attraversarono Buck.

Všetky tie staré inštinkty – hlad, vzrušenie – prebehli Buckom.

A volte gli esseri umani avvertono questo istinto e sono spinti a cacciare con armi da fuoco e proiettili.

Ľudia tento inštinkt občas pociťujú, sú hnaní loviť so zbraňou a guľkou.

Ma Buck provava questa sensazione a un livello più profondo e personale.

Buck však tento pocit cítil na hlbšej a osobnejšej úrovni.

Non riuscivano a percepire la natura selvaggia nel loro sangue come Buck.

Nedokázali cítiť divočinu vo svojej krvi tak, ako ju cítil Buck.

Inseguiva la carne viva, pronto a uccidere con i denti e ad assaggiare il sangue.

Naháňal živé mäso, pripravený zabíjať zubami a ochutnať krv.

Il suo corpo si tendeva per la gioia, desiderando immergersi nel caldo rosso della vita.

Jeho telo sa napínalo radosťou, túžilo sa kúpať v teplej červenej farbe života.

Una strana gioia segna il punto più alto che la vita possa mai raggiungere.

Zvláštna radosť označuje najvyšší bod, aký môže život dosiahnuť.

La sensazione di raggiungere un picco in cui i vivi dimenticano di essere vivi.

Pocit vrcholu, kde živí zabudnú, že vôbec žijú.

Questa gioia profonda tocca l'artista immerso in un'ispirazione ardente.

Táto hlboká radosť sa dotýka umelca strateného v žiarivej inšpirácii.

Questa gioia afferra il soldato che combatte selvaggiamente e non risparmia alcun nemico.

Táto radosť zmocňuje sa vojaka, ktorý bojuje divoko a nešetrí žiadneho nepriateľa.

Questa gioia ora colpì Buck mentre guidava il branco in preda alla fame primordiale.

Táto radosť teraz pohltila Bucka, ktorý viedol svorku v prvotnom hlade.

Ululò con l'antico grido del lupo, emozionato per l'inseguimento.

Zavýjal starodávnym vlčím krikom, vzrušený živou naháňačkou.

Buck fece appello alla parte più antica di sé, persa nella natura selvaggia.

Buck sa napojil na najstaršiu časť seba, stratenú v divočine.

Scavò in profondità dentro di sé, oltre la memoria, fino al tempo grezzo e antico.

Siahol hlboko v sebe, za hranice pamäti, do surového, dávneho času.

Un'ondata di vita pura pervase ogni muscolo e tendine.

Vlna čistého života prebehla každým svalom a šľachou.

Ogni salto gridava che viveva, che attraversava la morte.

Každý skok kričal, že žije, že prechádza smrťou.

Il suo corpo si librava gioioso su una terra immobile e fredda che non si muoveva mai.

Jeho telo sa radostne vznášalo nad tichou, studenou zemou, ktorá sa nikdy nepohla.

Spitz rimase freddo e astuto anche nei suoi momenti più selvaggi.

Spitz zostal chladný a prefíkaný, dokonca aj v tých najdivokejších chvíľach.

Lasciò il sentiero e attraversò un terreno dove il torrente formava una curva ampia.

Opustil chodník a prešiel cez pevninu, kde sa potok široko stáčal.

Buck, ignaro di ciò, rimase sul sentiero tortuoso del coniglio.

Buck si toho nevedomý zostal na kľukatej cestičke králika.

Poi, mentre Buck svoltava dietro una curva, il coniglio spettrale si trovò davanti a lui.

Potom, keď Buck zabočil za zákrutu, pred ním sa objavil králik podobný duchu.

Vide una seconda figura balzare dalla riva precedendo la preda.

Videl druhú postavu, ako vyskočila z brehu pred korisť.

La figura era Spitz, atterrato proprio sulla traiettoria del coniglio in fuga.

Postavou bol Spitz, ktorý pristál priamo v ceste utekajúcemu králikovi.

Il coniglio non riuscì a girarsi e incontrò le fauci di Spitz a mezz'aria.

Králik sa nemohol otočiť a vo vzduchu sa stretol so Spitzovými čeľusťami.

La spina dorsale del coniglio si spezzò con un grido acuto come il grido di un essere umano morente.

Králikovi sa zlomila chrbtica s výkrikom ostrým ako plač umierajúceho človeka.

A quel suono, il passaggio dalla vita alla morte, il branco ululò forte.

Pri tom zvuku – páde zo života do smrti – svorka hlasno zavýjala.

Un coro selvaggio si levò da dietro Buck, pieno di oscura gioia.

Spoza Bucka sa ozval divoký zbor plný temnej rozkoše.

Buck non emise alcun grido, nessun suono e si lanciò dritto verso Spitz.

Buck nevykríkol, nevydal ani hlásku a vrhol sa priamo na Spitza.

Mirò alla gola, ma colpì invece la spalla.

Mieril na hrdlo, ale namiesto toho trafil rameno.

Caddero nella neve soffice, i loro corpi erano intrappolati in un combattimento.

Prepadali sa mäkkým snehom; ich telá sa zovreli v boji.

Spitz balzò in piedi rapidamente, come se non fosse mai stato atterrato.

Spitz rýchlo vyskočil, akoby ho nikto nezrazil.

Colpì Buck alla spalla e poi balzò fuori dalla mischia.

Sekol Bucka do ramena a potom odskočil z boja.

Per due volte i suoi denti schioccarono come trappole d'acciaio, e le sue labbra si arricciarono e si fecero feroci.

Dvakrát mu cvakli zuby ako oceľové pasce, pery zovrel a zúrivo pôsobil.

Arretrò lentamente, cercando un terreno solido sotto i piedi.

Pomaly cúval a hľadal pevnú pôdu pod nohami.

Buck comprese il momento all'istante e pienamente.

Buck okamžite a úplne pochopil tú chvíľu.

Il momento era giunto: la lotta sarebbe stata una lotta all'ultimo sangue.

Nastal čas; boj mal byť bojom na smrť.

I due cani giravano in cerchio, ringhiando, con le orecchie piatte e gli occhi socchiusi.

Dva psy krúžili okolo, vrčali, uši boli sploštené a oči zúžené.

Ogni cane aspettava che l'altro mostrasse debolezza o facesse un passo falso.

Každý pes čakal, kým ten druhý prejaví slabosť alebo urobí chybný krok.

Buck percepiva quella scena come stranamente nota e profondamente ricordata.

Buckovi sa tá scéna zdala byť strašidelne známa a hlboko v nej zapamätaná.

I boschi bianchi, la terra fredda, la battaglia al chiaro di luna.

Biele lesy, studená zem, bitka pod mesačným svetlom.

Un silenzio pesante, profondo e innaturale riempiva la terra.

Krajinu naplnilo ťažké ticho, hlboké a neprirodzené.

Nessun vento si alzava, nessuna foglia si muoveva, nessun suono rompeva il silenzio.

Ani vietor sa nepohol, ani list sa nepohol, ani zvuk neprerušil ticho.

Il respiro dei cani si levava come fumo nell'aria gelida e silenziosa.

Psí dych stúpal ako dym v zamrznutom, tichom vzduchu.

Il coniglio era stato dimenticato da tempo dal branco di animali selvatici.

Králik bol svorkou divých zvierat dávno zabudnutý.

Questi lupi semiaddomesticati ora stavano fermi in un ampio cerchio.

Tieto napoly skrotené vlky teraz stáli nehybne v širokom kruhu.

Erano silenziosi, solo i loro occhi luminosi rivelavano la loro fame.

Boli ticho, len ich žiariace oči prezrádzali ich hlad.

Il loro respiro saliva, mentre osservavano l'inizio dello scontro finale.

Zatajili dych a sledovali, ako sa začína záverečný boj.

Per Buck questa battaglia era vecchia e attesa, per niente strana.

Pre Bucka bola táto bitka stará a očakávaná, vôbec nie zvláštna.

Era come il ricordo di qualcosa che doveva accadere da sempre.

Cítila som sa ako spomienka na niečo, čo sa malo vždy stať.

Spitz era un cane da combattimento addestrato, affinato da innumerevoli risse selvagge.

Špic bol vycvičený bojový pes, zdokonalený nespočetnými divokými bitkami.

Dallo Spitzbergen al Canada, aveva sconfitto molti nemici.

Od Špicbergov až po Kanadu si zvládol mnohých nepriateľov.

Era pieno di rabbia, ma non cedette mai il controllo alla rabbia.

Bol plný zúrivosti, ale nikdy sa nedal ovládať.

La sua passione era acuta, ma sempre temperata dal duro istinto.

Jeho vášeň bola ostrá, ale vždy miernená tvrdým inštinktom.

Non ha mai attaccato finché non ha avuto la sua difesa pronta.

Nikdy neútočil, kým si nebol pripravený na vlastnú obranu.

Buck provò più volte a raggiungere il collo vulnerabile di Spitz.

Buck sa znova a znova pokúšal dosiahnuť na Spitzov zraniteľný krk.

Ma ogni colpo veniva accolto da un fendente dei denti affilati di Spitz.

Ale každý úder sa stretol s ranou Spitzových ostrých zubov.

Le loro zanne si scontrarono ed entrambi i cani sanguinarono dalle labbra lacerate.

Ich tesáky sa stretli a obom psom tiekla krv z roztrhnutých pier.

Nonostante i suoi sforzi, Buck non riusciva a rompere la difesa.

Bez ohľadu na to, ako Buck útočil, nedokázal prelomiť obranu.

Divenne sempre più furioso e si lanciò verso di lui con violente esplosioni di potenza.

Zúril čoraz viac a vrhal sa doň s divokými výbuchmi sily.

Buck colpì ripetutamente la bianca gola di Spitz.

Buck znova a znova udieral Spitzovi po jeho bielom hrdle.

Ogni volta Spitz schivava e contrattaccava con un morso tagliente.

Spitz sa zakaždým vyhol a udrel späť sekavým uhryznutím.

Poi Buck cambiò tattica, avventandosi di nuovo come se volesse colpirlo alla gola.

Potom Buck zmenil taktiku a opäť sa vrhol, akoby mu šiel po krku.

Ma a metà attacco si è ritirato, girandosi per colpire di lato.

Ale v polovici útoku sa stiahol a otočil sa, aby udrel zboku.

Colpì Spitz con una spallata, con l'intento di buttarlo a terra.

Hodil rameno do Spitza s cieľom zraziť ho k zemi.

Ogni volta che ci provava, Spitz lo schivava e rispondeva con un fendente.

Zakaždým, keď sa o to pokúsil, Spitz sa uhol a kontroval seknutím.

La spalla di Buck si faceva scorticare mentre Spitz si liberava dopo ogni colpo.

Bucka bolelo rameno, keď Spitz po každom údere odskočil.

Spitz non era stato toccato, mentre Buck sanguinava dalle numerose ferite.

Spitza sa nikto nedotkol, zatiaľ čo Buck krvácal z mnohých rán.

Il respiro di Buck era affannoso e pesante, il suo corpo era viscido di sangue.

Buck dychal rýchlo a ťažko, telo mal klzké od krvi.

La lotta diventava più brutale a ogni morso e carica.

Boj sa s každým uhryznutím a útokom stával brutálnejším.

Attorno a loro, sessanta cani silenziosi aspettavano che il primo cadesse.

Okolo nich čakalo šesťdesiat tichých psov, kým padnú prví.

Se un cane fosse caduto, il branco avrebbe posto fine alla lotta.

Ak by jeden pes spadol, svorka by dokončila boj.

Spitz vide Buck indebolirsi e cominciò ad attaccare.

Spitz videl, ako Buck slabne, a začal tlačiť do útoku.

Mantenne Buck sbilanciato, costringendolo a lottare per restare in piedi.

Zrazil Bucka na zem a prinútil ho bojovať o pevnú pôdu pod nohami.

Una volta Buck inciampò e cadde, e tutti i cani si rialzarono.

Raz sa Buck potkol a spadol a všetky psy vstali.

Ma Buck si raddrizzò a metà caduta e tutti ricaddero.

Ale Buck sa v polovici pádu narovnal a všetci klesli späť na zem.

Buck aveva qualcosa di raro: un'immaginazione nata da un profondo istinto.

Buck mal niečo vzácne – predstavivosť zrodenú z hlbokého inštinktu.

Combatté per istinto naturale, ma combatté anche con astuzia.

Bojoval s prirodzeným zápalom, ale bojoval aj s prefíkanosťou.

Tornò ad attaccare come se volesse ripetere il trucco dell'attacco alla spalla.

Znova zaútočil, akoby opakoval svoj trik s útokom ramenom.

Ma all'ultimo secondo si abbassò e passò sotto Spitz.

Ale v poslednej sekunde sa zniesol nízko a prehnal sa popod Spitza.

I suoi denti si bloccarono sulla zampa anteriore sinistra di Spitz con uno schiocco.

Jeho zuby s cvaknutím zahryzli do Spitzovej prednej ľavej nohy.

Spitz ora era instabile e il suo peso gravava solo su tre zampe.

Spitz teraz stál neisto, opieral sa iba o tri nohy.

Buck colpì di nuovo e tentò tre volte di atterrarlo.

Buck udrel znova a trikrát sa ho pokúsil zraziť k zemi.

Al quarto tentativo ha usato la stessa mossa con successo

Na štvrtý pokus úspešne použil rovnaký pohyb.

Questa volta Buck riuscì a mordere la zampa destra di Spitz.

Tentoraz sa Buckovi podarilo uhryznúť Spitzovi pravú nohu.

Spitz, benché storpio e in agonia, continuò a lottare per sopravvivere.

Spitz, hoci bol zmrzačený a v agónii, stále bojoval o prežitie.

Vide il cerchio degli husky stringersi, con le lingue fuori e gli occhi luminosi.

Videl, ako sa kruh huskyov zužuje, vyplazené jazyky a žiariace oči.

Aspettarono di divorarlo, proprio come avevano fatto con gli altri.

Čakali, kým ho zožerú, rovnako ako to urobili s ostatnými.

Questa volta era lui al centro, sconfitto e condannato.

Tentoraz stál v strede; porazený a odsúdený na zánik.

Ormai il cane bianco non aveva più alcuna possibilità di fuga.

Biely pes teraz nemal inú možnosť utiecť.

Buck non mostrò alcuna pietà, perché la pietà non era a posto nella natura selvaggia.

Buck neprejavil žiadne zľutovanie, pretože zľutovanie do divočiny nepatrilo.

Buck si mosse con cautela, preparandosi per la carica finale.

Buck sa pohyboval opatrne a pripravoval sa na záverečný útok.

Il cerchio degli husky si stringeva; lui sentiva i loro respiri caldi.

Kruh huskyov sa zúžil; cítil ich teplý dych.

Si accovacciarono, pronti a scattare quando fosse giunto il momento.

Prikrčili sa, pripravení skočiť, keď príde tá chvíľa.

Spitz tremava nella neve, ringhiando e cambiando posizione.

Spitz sa triasol v snehu, vrčal a menil postoj.

I suoi occhi brillavano, le labbra si arricciavano, i denti brillavano in un'espressione disperata e minacciosa.

Jeho oči žiarili, pery boli skrútené a zuby sa blýskali zúfalou hrozbou.

Barcollò, cercando ancora di resistere al freddo morso della morte.

Potácal sa a stále sa snažil odolať chladnému uhryznutiu smrti.

Aveva già visto situazioni simili, ma sempre dalla parte dei vincitori.

Už to videl predtým, ale vždy z víťaznej strany.

Ora era dalla parte perdente; lo sconfitto; la preda; la morte.

Teraz bol na strane porazených; porazených; koristi; smrti.

Buck si preparò al colpo finale, mentre il cerchio dei cani si faceva sempre più stretto.

Buck krúžil pre posledný úder, kruh psov sa pritlačil bližšie.

Poteva sentire i loro respiri caldi; erano pronti a uccidere.

Cítil ich horúce dychy; pripravení zabiť.

Calò il silenzio; tutto era al suo posto; il tempo si era fermato.

Nastalo ticho; všetko bolo na svojom mieste; čas sa zastavil.

Persino l'aria fredda tra loro si congelò per un ultimo istante.

Dokonca aj studený vzduch medzi nimi na poslednú chvíľu zamrzol.

Soltanto Spitz si mosse, cercando di trattenere la sua fine amara.

Iba Spitz sa pohol a snažil sa oddialiť svoj trpký koniec.

Il cerchio dei cani si stava stringendo attorno a lui, come era suo destino.

Kruh psov sa okolo neho zužoval, rovnako ako jeho osud.

Ora era disperato, sapendo cosa stava per accadere.

Teraz bol zúfalý, vedel, čo sa stane.

Buck balzò dentro e la sua spalla incontrò la sua spalla per l'ultima volta.

Buck vskočil a naposledy sa stretol s plecami.

I cani si lanciarono in avanti, nascondendo Spitz nell'oscurità della neve.

Psy sa vrhli dopredu a prikryli Spitza v zasneženej tme.

Buck osservava, eretto e fiero; il vincitore in un mondo selvaggio.

Buck sledoval, stojac vzpriamene; víťaz v divokom svete.

La bestia primordiale dominante aveva fatto la sua uccisione, e la aveva fatta bene.

Dominantná prvotná beštia dosiahla svoju korisť a bolo to dobré.

Colui che ha conquistato la maestria
Ten, kto dosiahol majstrovstvo

"Eh? Cosa ho detto? Dico la verità quando dico che Buck è un diavolo."

„Eh? Čo som povedal? Hovorím pravdu, keď hovorím, že Buck je diabol.“

François raccontò questo la mattina dopo aver scoperto la scomparsa di Spitz.

François to povedal nasledujúce ráno po tom, čo našiel Spitza nezvestného.

Buck rimase lì, coperto di ferite causate dal violento combattimento.

Buck tam stál, pokrytý ranami z prudkého boja.

François tirò Buck vicino al fuoco e indicò le ferite.

François pritiahol Bucka k ohňu a ukázal na zranenia.

«Quello Spitz ha combattuto come il Devik», disse Perrault, osservando i profondi tagli.

„Ten Spitz bojoval ako Devik,“ povedal Perrault a pozrel sa na hlboké rany.

«E quel Buck si batteva come due diavoli», rispose subito François.

„A ten Buck sa bil ako dvaja diabli,“ odpovedal François hneď.

"Ora faremo buon passo; niente più Spitz, niente più guai."

„Teraz to zvládneme dobre; žiadny ďalší Spitz, žiadne ďalšie problémy.“

Perrault stava preparando l'attrezzatura e caricò la slitta con cura.

Perrault balil výstroj a opatrne nakladal sane.

François bardò i cani per prepararli alla corsa della giornata.

François zapútal psy a pripravil ich na denný beh.

Buck trotterellò dritto verso la posizione di testa, precedentemente occupata da Spitz.

Buck klusal rovno na vedúcu pozíciu, ktorú predtým držal Spitz.

Ma François, senza accorgersene, condusse Solleks in prima linea.

Ale François si to nevšimol a viedol Solleksa dopredu.

Secondo François, Solleks era ora il miglior cane da corsa.

Podľa Françoisovho úsudku bol Solleks teraz najlepším vodiacim psom.

Buck si scagliò furioso contro Solleks e lo respinse indietro in segno di protesta.

Buck sa zúrivo vrhol na Solleksa a na protest ho zatlačil dozadu.

Si fermò dove un tempo si era fermato Spitz, rivendicando la posizione di comando.

Stál tam, kde kedysi stál Spitz, a nárokoval si vedúcu pozíciu.

"Eh? Eh?" esclamò François, dandosi una pacca sulle cosce divertito.

„Čože? Čože?" zvolal François a pobavene sa pleskol po stehnách.

"Guarda Buck: ha ucciso Spitz, ora vuole prendersi il posto!"

„Pozri sa na Bucka – zabil Spitza a teraz chce prevziať aj jeho prácu!"

"Vattene via, Chook!" urlò, cercando di scacciare Buck.

„Choď preč, Chook!" zakričal a snažil sa odohnať Bucka.

Ma Buck si rifiutò di muoversi e rimase immobile nella neve.

Ale Buck sa odmietol pohnúť a pevne stál v snehu.

François afferrò Buck per la collottola e lo trascinò da parte.

François chytil Bucka za zátylok a odtiahol ho nabok.

Buck ringhiò basso e minaccioso, ma non attaccò.

Buck zavrčal potichu a hrozivo, ale nezaútočil.

François rimette Solleks in testa, cercando di risolvere la disputa

François dostal Solleks späť do vedenia a snažil sa urovnať spor.

Il vecchio cane mostrò paura di Buck e non voleva restare.

Starý pes prejavoval strach z Bucka a nechcel zostať.

Quando François gli voltò le spalle, Buck scacciò di nuovo Solleks.

Keď sa François otočil chrbtom, Buck Solleksa opäť vyhnal.

Solleks non oppose resistenza e si fece di nuovo da parte in silenzio.

Solleks sa nebránil a opäť potichu odstúpil nabok.

François si arrabbiò e urlò: "Per Dio, ti sistemo!"

François sa nahneval a zakričal: „Preboha, ja ťa vyriešim!"

Si avvicinò a Buck tenendo in mano una pesante mazza.

Prišiel k Buckovi a v ruke držal ťažký kyj.

Buck ricordava bene l'uomo con il maglione rosso.

Buck si dobre pamätal muža v červenom svetri.

Si ritirò lentamente, osservando François ma ringhiando profondamente.

Pomaly ustupoval, sledoval Françoisa, no hlboko vrčal.

Non si affrettò a tornare indietro, nemmeno quando Solleks si mise al suo posto.

Neponáhľal sa späť, ani keď Solleks stál na jeho mieste.

Buck si girò in cerchio, appena fuori dalla sua portata, ringhiando furioso e protestando.

Buck krúžil tesne za ich dosahom, vrčal od zúrivosti a protestu.

Teneva gli occhi fissi sulla mazza, pronto a schivare il colpo se François l'avesse lanciata.

Neprestával hľadieť na palicu, pripravený uhnúť, ak by François hodil.

Era diventato saggio e cauto nei confronti degli uomini che maneggiavano le armi.

Stal sa múdrym a opatrným, čo sa týka spôsobov mužov so zbraňami.

François si arrese e chiamò di nuovo Buck al suo vecchio posto.

François to vzdal a znova zavolal Bucka na svoje predchádzajúce miesto.

Ma Buck fece un passo indietro con cautela, rifiutandosi di obbedire all'ordine.

Buck však opatrne ustúpil a odmietol poslúchnuť rozkaz.

François lo seguì, ma Buck indietreggiò solo di pochi passi.

François ho nasledoval, ale Buck ustúpil len o pár krokov.

Dopo un po' François gettò a terra l'arma, frustrato.
Po nejakom čase François v frustrácii odhodil zbraň.
Pensava che Buck avesse paura di essere picchiato e che avrebbe fatto lo stesso senza far rumore.
Myslel si, že Buck sa bojí bitky a príde potichu.
Ma Buck non stava evitando la punizione: stava lottando per ottenere un rango.
Buck sa však trestu nevyhýbal – bojoval o hodnosť.
Si era guadagnato il posto di capobranco combattendo fino alla morte
Miesto vodiaceho psa si vyslúžil bojom na smrť.
non si sarebbe accontentato di niente di meno che di essere il leader.
Neuspokojil sa s ničím menším, než byť vodcom.

Perrault si unì all'inseguimento per aiutare a catturare il ribelle Buck.
Perrault sa zapojil do naháňačky, aby pomohol chytiť vzpurného Bucka.
Insieme lo portarono in giro per l'accampamento per quasi un'ora.
Spoločne ho takmer hodinu vozili po tábore.
Gli scagliarono contro dei bastoni, ma Buck li schivò abilmente uno per uno.
Hádzali po ňom palice, ale Buck sa každej z nich šikovne vyhol.
Maledissero lui, i suoi antenati, i suoi discendenti e ogni suo capello.
Prekliali jeho, jeho predkov, jeho potomkov a každý vlas na ňom.
Ma Buck si limitò a ringhiare e a restare appena fuori dalla loro portata.
Ale Buck iba zavrčal a zostal tesne mimo ich dosahu.
Non cercò mai di scappare, ma continuò a girare intorno all'accampamento deliberatamente.
Nikdy sa nepokúsil utiecť, ale zámerne krúžil okolo tábora.

Disse chiaramente che avrebbe obbedito una volta ottenuto ciò che voleva.

Dal jasne najavo, že ich poslúchne, hneď ako mu dajú, čo chce.

Alla fine François si sedette e si grattò la testa, frustrato.

François si nakoniec sadol a frustrovane sa poškrabal na hlave.

Perrault controllò l'orologio, imprecò e borbottò qualcosa sul tempo perso.

Perrault pozrel na hodinky, zanadával a mrmlal o stratenom čase.

Era già trascorsa un'ora, mentre avrebbero dovuto essere sulle tracce.

Už uplynula hodina, keď mali byť na chodníku.

François alzò le spalle timidamente, guardando il corriere, che sospirò sconfitto.

François hanblivo pokrčil plecami na kuriéra, ktorý si porazene vzdychol.

Poi François si avvicinò a Solleks e chiamò ancora una volta Buck.

Potom François prešiel k Solleksovi a ešte raz zavolal na Bucka.

Buck rise come ride un cane, ma mantenne una cauta distanza.

Buck sa zasmial ako pes, ale držal si opatrný odstup.

François tolse l'imbracatura a Solleks e lo rimise al suo posto.

François odstránil Solleksovi postroj a vrátil ho na jeho miesto.

La squadra di slittini era completamente imbracata, con un solo posto libero.

Záprahový tím stál plne zapriahnutý, pričom len jedno miesto bolo voľné.

La posizione di comando rimase vuota, chiaramente riservata solo a Buck.

Vedúca pozícia zostala prázdna, jednoznačne určená len pre Bucka.

François chiamò di nuovo e di nuovo Buck rise e mantenne la sua posizione.

François zavolal znova a Buck sa opäť zasmial a stál na svojom.

«Gettate giù la mazza», ordinò Perrault senza esitazione.

„Zhoďte palicu," prikázal Perrault bez váhania.

François obbedì e Buck si lanciò subito avanti con orgoglio.

François poslúchol a Buck okamžite hrdo vyklusal vpred.

Rise trionfante e assunse la posizione di comando.

Víťazosmiešne sa zasmial a zaujal vedúcu pozíciu.

François fissò le corde e la slitta si staccò.

François si zaistil stopy a sane sa uvoľnili.

Entrambi gli uomini corsero fianco a fianco mentre la squadra si lanciava lungo il sentiero del fiume.

Obaja muži bežali vedľa nich, keď sa tím uháňal po chodníku popri rieke.

François aveva avuto una grande stima dei "due diavoli" di Buck,

François si Buckových „dvoch diablov" veľmi vážil.

ma ben presto si rese conto di aver in realtà sottovalutato il cane.

ale čoskoro si uvedomil, že psa v skutočnosti podcenil.

Buck assunse rapidamente la leadership e si comportò in modo eccellente.

Buck sa rýchlo ujal vedenia a podával vynikajúce výkony.

Buck superò Spitz per capacità di giudizio, rapidità di pensiero e rapidità di azione.

V úsudku, rýchlom myslení a rýchlej akcii Buck prekonal Spitza.

François non aveva mai visto un cane pari a quello che Buck mostrava ora.

François ešte nikdy nevidel psa, aký teraz predvádzal Buck.

Ma Buck eccelleva davvero nel far rispettare l'ordine e nel imporre rispetto.

Buck však skutočne vynikal v presadzovaní poriadku a vzbudzovaní rešpektu.

Dave e Solleks accettarono il cambiamento senza preoccupazioni o proteste.

Dave a Solleks prijali zmenu bez obáv alebo protestov.

Si concentravano solo sul lavoro e tiravano forte le redini.

Sústredili sa len na prácu a tvrdo ťahali za opraty.

A loro importava poco chi guidasse, purché la slitta continuasse a muoversi.

Vôbec im nezáležalo na tom, kto vedie, hlavné bolo, aby sa sane stále hýbali.

Billee, quella allegra, avrebbe potuto comandare per quel che volevano.

Billee, tá veselá, mohla viesť, keby im išlo o všetko.

Ciò che contava per loro era la pace e l'ordine tra i ranghi.

Záležalo im na pokoji a poriadku v radoch.

Il resto della squadra era diventato indisciplinato durante il declino di Spitz.

Zvyšok tímu sa počas Spitzovho úpadku stal neposlušným.

Rimasero scioccati quando Buck li riportò immediatamente all'ordine.

Boli šokovaní, keď ich Buck okamžite uviedol do poriadku.

Pike era sempre stato pigro e aveva sempre tergiversato dietro a Buck.

Pike bol vždy lenivý a vliekol nohy za Buckom.

Ma ora è stato severamente disciplinato dalla nuova leadership.

Ale teraz ho nové vedenie prísne potrestalo.

E imparò rapidamente a dare il suo contributo alla squadra.

A rýchlo sa naučil presadzovať svoju vôľu v tíme.

Alla fine della giornata, Pike lavorò più duramente che mai.

Na konci dňa Pike pracoval tvrdšie ako kedykoľvek predtým.

Quella notte all'accampamento, Joe, il cane scontroso, fu finalmente domato.

Tú noc v tábore bol Joe, kyslý pes, konečne skrotený.

Spitz non era riuscito a disciplinarlo, ma Buck non aveva fallito.

Spitz ho nepotrestal, ale Buck nezlyhal.

Sfruttando il suo peso maggiore, Buck sopraffece Joe in pochi secondi.

Buck využil svoju väčšiu váhu a v priebehu niekoľkých sekúnd Joea premohol.

Morse e picchiò Joe finché questi non si mise a piagnucolare e smise di opporre resistenza.

Hryzol a bil Joea, až kým nezakňučal a neprestal klásť odpor.

Da quel momento in poi l'intera squadra migliorò.

Od tej chvíle sa celý tím zlepšil.

I cani ritrovarono la loro antica unità e disciplina.

Psy znovu nadobudli svoju starú jednotu a disciplínu.

A Rink Rapids si sono uniti al gruppo due nuovi husky autoctoni, Teek e Koona.

V Rink Rapids sa pridali dvaja noví pôvodní huskyji, Teek a Koona.

La rapidità con cui Buck li addestramento stupì perfino François.

Buckov rýchly výcvik ohromil dokonca aj Françoisa.

"Non è mai esistito un cane come quel Buck!" esclamò stupito.

„Nikdy nebol taký pes ako ten Buck!" zvolal v úžase.

"No, mai! Vale mille dollari, per Dio!"

„Nie, nikdy! Preboha, veď má hodnotu tisíc dolárov!"

"Eh? Che ne dici, Perrault?" chiese con orgoglio.

„Hm? Čo povieš, Perrault?" spýtal sa s hrdosťou.

Perrault annuì in segno di assenso e controllò i suoi appunti.

Perrault súhlasne prikývol a skontroloval si poznámky.

Siamo già in anticipo sui tempi e guadagniamo sempre di più ogni giorno.

Už teraz predbiehame plán a každý deň získavame viac.

Il sentiero era compatto e liscio, senza neve fresca.

Chodník bol udupaný a hladký, bez čerstvého snehu.

Il freddo era costante, con temperature che si aggiravano sempre sui cinquanta gradi sotto zero.

Chlad bol stály, pohyboval sa celou dobu na úrovni päťdesiat stupňov pod nulou.

Per scaldarsi e guadagnare tempo, gli uomini si alternavano a cavallo e a correre.

Muži jazdili a bežali striedavo, aby sa zahriali a našli si čas.

I cani correvano veloci, fermandosi di rado, spingendosi sempre in avanti.

Psy bežali rýchlo s niekoľkými zastávkami a stále sa tlačili dopredu.

Il fiume Thirty Mile era per la maggior parte ghiacciato e facile da attraversare.

Rieka Tridsaťmíľa bola väčšinou zamrznutá a ľahko sa cez ňu prechádzalo.

In un giorno realizzarono ciò che per arrivare aveva impiegato dieci giorni.

Odišli za jeden deň, čo im trvalo desať dní.

Percorsero circa 96 chilometri dal lago Le Barge a White Horse.

Prešli šesťdesiat míľ od jazera Le Barge k Bielemu koni.

Si muovevano a velocità incredibile attraverso i laghi Marsh, Tagish e Bennett.

Cez jazerá Marsh, Tagish a Bennett sa pohybovali neuveriteľne rýchlo.

L'uomo che correva veniva trainato dietro la slitta con una corda.

Bežec ťahal za saňami na lane.

L'ultima notte della seconda settimana giunsero a destinazione.

Poslednú noc druhého týždňa dorazili do cieľa.

Insieme avevano raggiunto la cima del White Pass.

Spoločne dosiahli vrchol Bieleho priesmyku.

Scesero fino al livello del mare, con le luci dello Skaguay sotto di loro.

Klesli na hladinu mora so svetlami Skaguay pod sebou.

Era stata una corsa da record attraverso chilometri di fredda natura selvaggia.

Bol to rekordný beh cez kilometre studenej divočiny.

Per quattordici giorni di fila percorsero in media circa quaranta miglia.

Štrnásť dní vkuse najazdili v priemere silných štyridsať míľ.

A Skaguay, Perrault e François trasportavano merci attraverso la città.

V Skaguay Perrault a François prepravovali náklad cez mesto.

Furono applauditi e ricevettero numerose bevande dalla folla ammirata.

Obdivujúce davy ich povzbudzovali a ponúkali im veľa nápojov.

I cacciatori di cani e gli operai si sono riuniti attorno alla famosa squadra cinofila.

Lovci psov a pracovníci sa zhromaždili okolo slávneho psieho záprahu.

Poi i fuorilegge del West giunsero in città e subirono una violenta sconfitta.

Potom do mesta prišli západní zločinci a utrpeli krutú porážku.

La gente si dimenticò presto della squadra e si concentrò sul nuovo dramma.

Ľudia čoskoro zabudli na tím a sústredili sa na novú drámu.

Poi arrivarono i nuovi ordini che cambiarono tutto in un colpo.

Potom prišli nové rozkazy, ktoré všetko naraz zmenili.

François chiamò Buck e lo abbracciò con orgoglio e lacrime.

François zavolal Bucka k sebe a s plačlivou hrdosťou ho objal.

Quel momento fu l'ultima volta che Buck vide di nuovo François.

V tej chvíli Buck naposledy videl Françoisa.

Come molti altri uomini prima di lui, sia François che Perrault se n'erano andati.

Ako mnoho mužov predtým, aj François aj Perrault boli preč.

Un meticcio scozzese si prese cura di Buck e dei suoi compagni di squadra con i cani da slitta.

Škótsky kríženec sa ujal velenia Bucka a jeho kolegov zo záprahových psov.

Con una dozzina di altre mute di cani, ritornarono lungo il sentiero fino a Dawson.

S tuctom ďalších psích záprahov sa vrátili po chodníku do Dawsonu.

Non si trattava più di una corsa veloce, ma solo di un duro lavoro con un carico pesante ogni giorno.

Teraz to nebol žiadny rýchly beh – len ťažká drina s ťažkým nákladom každý deň.

Si trattava del treno postale che portava notizie ai cercatori d'oro vicino al Polo.

Toto bol poštový vlak, ktorý prinášal správy lovcom zlata blízko pólu.

Buck non amava il lavoro, ma lo sopportò bene, essendo orgoglioso del suo impegno.

Buck túto prácu nemal rád, ale znášal ju dobre a bol na svoju námahu hrdý.

Come Dave e Solleks, Buck dimostrava dedizione in ogni compito quotidiano.

Rovnako ako Dave a Solleks, aj Buck prejavoval oddanosť každej každodennej úlohe.

Si è assicurato che tutti i suoi compagni di squadra dessero il massimo.

Uistil sa, že každý z jeho spoluhráčov podal spravodlivú prácu.

La vita sui sentieri divenne noiosa e si ripeteva con la precisione di una macchina.

Život na cestách sa stal nudným, opakujúcim sa s presnosťou stroja.

Ogni giorno era uguale, una mattina si fondeva con quella successiva.

Každý deň sa cítil rovnako, jedno ráno sa prelínalo s ďalším.

Alla stessa ora, i cuochi si alzarono per accendere il fuoco e preparare il cibo.

V tú istú hodinu vstali kuchári, aby založili oheň a pripravili jedlo.

Dopo colazione alcuni lasciarono l'accampamento mentre altri attaccarono i cani.

Po raňajkách niektorí opustili tábor, zatiaľ čo iní zapriahli psy.

Raggiunsero il sentiero prima che il pallido segnale dell'alba sfiorasse il cielo.

Vyrazili na chodník skôr, ako sa oblohy dotklo slabé varovanie pred úsvitom.

Di notte si fermavano per accamparsi, e a ogni uomo veniva assegnato un compito.

V noci sa zastavili, aby si postavili tábor, každý muž mal stanovenú povinnosť.

Alcuni montarono le tende, altri tagliarono la legna da ardere e raccolsero rami di pino.

Niektorí postavili stany, iní rúbali drevo na kúrenie a zbierali borovicové konáre.

Acqua o ghiaccio venivano portati ai cuochi per la cena serale.

Na večeru sa kuchárom nosila voda alebo ľad.

I cani vennero nutriti e per loro quello fu il momento migliore della giornata.

Psy boli kŕmené a toto bola pre nich najlepšia časť dňa.

Dopo aver mangiato il pesce, i cani si rilassarono e oziarono vicino al fuoco.

Po zjedení rýb si psy oddýchli a leňošili pri ohni.

Nel convoglio c'erano un centinaio di altri cani con cui socializzare.

V konvoji bolo sto ďalších psov, s ktorými sa dalo stretnúť.

Molti di quei cani erano feroci e pronti a combattere senza preavviso.

Mnohé z týchto psov boli divoké a rýchlo sa pustili do boja bez varovania.

Ma dopo tre vittorie, Buck riuscì a domare anche i combattenti più feroci.

Ale po troch víťazstvách Buck zvládol aj tých najzúrivejších bojovníkov.

Ora, quando Buck ringhiò e mostrò i denti, loro si fecero da parte.

Keď Buck zavrčal a ukázal zuby, ustúpili nabok.

Forse la cosa più bella di tutte era che a Buck piaceva sdraiarsi vicino al fuoco tremolante.

Azda najviac zo všetkého Buck miloval ležať pri mihotavom táboráku.

Si accovacciò, con le zampe posteriori ripiegate e quelle anteriori distese in avanti.

Drepol si so zastrčenými zadnými nohami a prednými natiahnutými dopredu.

Teneva la testa sollevata e sbatteva dolcemente le palpebre verso le fiamme ardenti.

Zdvihol hlavu a jemne žmurkol na žiariace plamene.

A volte ricordava la grande casa del giudice Miller a Santa Clara.

Niekedy si spomínal na veľký dom sudcu Millera v Santa Clare.

Pensò alla piscina di cemento, a Ysabel e al carlino di nome Toots.

Myslel na cementový bazén, na Ysabel a mopsa menom Toots.

Ma più spesso si ricordava del bastone dell'uomo con il maglione rosso.

Ale častejšie si spomínal na muža s červenou svetrovou palicou.

Ricordava la morte di Curly e la sua feroce battaglia con Spitz.

Spomenul si na Kučeraváho smrť a jeho prudký boj so Spitzom.

Ricordava anche il buon cibo che aveva mangiato o che ancora sognava.

Spomínal si aj na dobré jedlo, ktoré jedol alebo o ktorom stále sníval.

Buck non aveva nostalgia di casa: la valle calda era lontana e irreale.

Buckovi sa netúžilo po domove – teplé údolie bolo vzdialené a neskutočné.

I ricordi della California non avevano più alcun fascino su di lui.

Spomienky na Kaliforniu ho už nijako nijako nijako nepriťahovali.

Più forti della memoria erano gli istinti radicati nella sua stirpe.

Silnejšie než pamäť boli inštinkty hlboko v jeho krvnej línii.

Le abitudini un tempo perdute erano tornate, ravvivate dal sentiero e dalla natura selvaggia.

Zvyky, ktoré kedysi stratili, sa vrátili, oživené chodníkom a divočinou.

Mentre Buck osservava la luce del fuoco, a volte questa diventava qualcos'altro.

Keď Buck sledoval svetlo ohňa, občas sa to stalo niečím iným.

Vide alla luce del fuoco un altro fuoco, più vecchio e più profondo di quello attuale.

V svetle ohňa uvidel iný oheň, starší a hlbší ako ten súčasný.

Accanto all'altro fuoco era accovacciato un uomo che non somigliava per niente al cuoco meticcio.

Vedľa toho druhého ohňa sa krčil muž, na rozdiel od miešanca kuchára.

Questa figura aveva gambe corte, braccia lunghe e muscoli duri e contratti.

Táto postava mala krátke nohy, dlhé ruky a pevné, zauzlené svaly.

I suoi capelli erano lunghi e arruffati, e gli scendevano all'indietro a partire dagli occhi.

Jeho vlasy boli dlhé a zacuchané, padajúce dozadu od očí.

Emetteva strani suoni e fissava l'oscurità con paura.

Vydával zvláštne zvuky a vystrašene hľadel do tmy.

Teneva bassa una mazza di pietra, stretta saldamente nella sua mano lunga e ruvida.

V dlhej drsnej ruke pevne zvieral kamennú palicu nízko.

L'uomo indossava ben poco: solo una pelle carbonizzata che gli pendeva lungo la schiena.

Muž mal na sebe málo oblečenia; len spálenú kožu, ktorá mu visela po chrbte.

Il suo corpo era ricoperto da una folta peluria sulle braccia, sul petto e sulle cosce.

Jeho telo bolo pokryté hustými chlpmi na rukách, hrudi a stehnách.

Alcune parti del pelo erano aggrovigliate e formavano chiazze di pelo ruvido.

Niektoré časti vlasov boli zamotané do chumáčov drsnej kožušiny.

Non stava dritto, ma era piegato in avanti dai fianchi alle ginocchia.

Nestál rovno, ale predklonil sa od bedier po kolená.

I suoi passi erano elastici e felini, come se fosse sempre pronto a scattare.

Jeho kroky boli pružné a mačacie, akoby vždy pripravený skočiť.

C'era una forte allerta, come se vivesse nella paura costante.

Bola v ňom prudká ostražitosť, akoby žil v neustálom strachu.

Quest'uomo anziano sembrava aspettarsi il pericolo, indipendentemente dal fatto che questo venisse visto o meno.

Zdá sa, že tento starý muž očakával nebezpečenstvo, či už ho videl alebo nie.

A volte l'uomo peloso dormiva accanto al fuoco, con la testa tra le gambe.

Chlpatý muž občas spal pri ohni s hlavou schovanou medzi nohami.

Teneva i gomiti sulle ginocchia e le mani giunte sopra la testa.

Lakte mal opreté o kolená, ruky zopnuté nad hlavou.

Come un cane, usava le sue braccia pelose per proteggersi dalla pioggia che cadeva.

Ako pes používal svoje chlpaté ruky, aby zbavil padajúceho dažďa.

Oltre la luce del fuoco, Buck vide due carboni ardenti che ardevano nell'oscurità.

Za svetlom ohňa Buck uvidel v tme dva uhlíky žeravé.

Sempre a due a due, erano gli occhi delle bestie da preda.

Vždy dvaja po dvoch, boli očami číhajúcich dravých zvierat.

Sentì corpi che si infrangevano tra i cespugli e rumori provenienti dalla notte.

Počul telá padajúce cez kríky a zvuky vydávané v noci.

Sdraiato sulla riva dello Yukon, sbattendo le palpebre, Buck sognò accanto al fuoco.

Buck ležal na brehu Yukonu a žmurkal, snível pri ohni.

Le immagini e i suoni di quel mondo selvaggio gli fecero rizzare i capelli.

Z pohľadu a zvukov toho divokého sveta mu vstávali vlasy na hlave.

La pelliccia gli si drizzò lungo la schiena, sulle spalle e sul collo.

Srsť sa mu ježila po chrbte, ramenách a krku.

Gemeva piano o emetteva un ringhio basso dal profondo del petto.

Jemne kňučal alebo hlboko v hrudi potichu zavrčal.

Allora il cuoco meticcio urlò: "Ehi, Buck, svegliati!"

Potom miešanec kuchár zakričal: „Hej, ty Buck, zobuď sa!"

Il mondo dei sogni svanì e la vera vita tornò agli occhi di Buck.

Svet snov zmizol a Buckovi sa do očí vrátil skutočný život.

Si sarebbe alzato, si sarebbe stiracchiato e avrebbe sbadigliato, come se si fosse svegliato da un pisolino.

Chcel vstať, natiahnuť sa a zívnuť, akoby sa prebudil zo spánku.

Il viaggio era duro, con la slitta postale che li trascinava dietro.

Cesta bola namáhavá, poštové sane sa ťahali za nimi.

Carichi pesanti e lavoro duro sfinivano i cani ogni lunga giornata.

Ťažké bremená a namáhavá práca vyčerpávali psy každý dlhý deň.

Arrivarono a Dawson magro, stanco e con bisogno di più di una settimana di riposo.

Do Dawsonu dorazili vychudnutí, unavení a potrebovali viac ako týždeň odpočinku.

Ma solo due giorni dopo ripartirono per lo Yukon.

Ale len o dva dni neskôr sa opäť vydali na cestu po Yukone.

Erano carichi di altre lettere dirette al mondo esterno.

Boli naložené ďalšími listami smerujúcimi do vonkajšieho sveta.

I cani erano esausti e gli uomini si lamentavano in continuazione.

Psy boli vyčerpané a muži sa neustále sťažovali.

Ogni giorno cadeva la neve, ammorbidendo il sentiero e rallentando le slitte.

Sneh padal každý deň, zmäkčoval chodník a spomaľoval sane.

Ciò rendeva la trazione più dura e aumentava la resistenza delle guide.

To spôsobilo tvrdšie ťahanie a väčší odpor bežcov.

Nonostante ciò, i piloti si sono dimostrati leali e hanno avuto cura delle loro squadre.

Napriek tomu boli jazdci féroví a starali sa o svoje tímy.

Ogni notte, i cani venivano nutriti prima che gli uomini mangiassero.

Každý večer boli psy kŕmené skôr, ako sa muži pustili do jedla.

Nessun uomo dormiva prima di controllare le zampe del proprio cane.

Žiaden človek nespal predtým, ako skontroloval nohy vlastného psa.

Tuttavia, i cani diventavano sempre più deboli man mano che i chilometri consumavano i loro corpi.

Psy však s ubehnutými kilometrami slabli.

Avevano viaggiato per milleottocento miglia durante l'inverno.

Cez zimu precestovali osemsto míľ.

Percorrevano ogni miglio di quella distanza brutale trainando le slitte.

Cez každú míľu tejto brutálnej vzdialenosti ťahali sane.

Anche i cani da slitta più resistenti provano tensione dopo tanti chilometri.

Aj tie najtvrdšie ťažné psy pociťujú po toľkých kilometroch namáhanie.

Buck tenne duro, fece sì che la sua squadra lavorasse e mantenne la disciplina.

Buck vytrval, udržiaval svoj tím v chode a disciplínu.

Ma Buck era stanco, proprio come gli altri durante il lungo viaggio.

Ale Buck bol unavený, rovnako ako ostatní na dlhej ceste.

Billee piagnucolava e piangeva nel sonno ogni notte, senza sosta.

Billee každú noc bez výčitiek kňučal a plakal v spánku.

Joe diventò ancora più amareggiato e Solleks rimase freddo e distante.

Joe ešte viac zatrpkol a Solleks zostal chladný a odmeraný.

Ma è stato Dave a soffrire di più di tutta la squadra.

Ale najhoršie to z celého tímu utrpel Dave.

Qualcosa dentro di lui era andato storto, anche se nessuno sapeva cosa.

Niečo sa v ňom pokazilo, hoci nikto nevedel čo.

Divenne più lunatico e aggredì gli altri con rabbia crescente.

Stal sa mrzutejším a s rastúcim hnevom na ostatných vystreľoval.

Ogni notte andava dritto al suo nido, in attesa di essere nutrito.

Každú noc išiel rovno do svojho hniezda a čakal na kŕmenie.

Una volta a terra, Dave non si alzò più fino al mattino.

Keď už bol dole, Dave sa nezobral až do rána.

Sulle redini, gli improvvisi strattoni o sussulti lo facevano gridare di dolore.

Náhle trhnutia alebo trhnutia na opratách ho prinútili vykríknuť od bolesti.

L'autista ha cercato di capirne la causa, ma non ha trovato ferite.

Jeho vodič pátral po príčine, ale nenašiel u neho žiadne zranenie.

Tutti gli autisti cominciarono a osservare Dave e a discutere del suo caso.

Všetci vodiči začali Davea sledovať a diskutovať o jeho prípade.

Parlarono durante i pasti e durante l'ultima sigaretta della giornata.

Rozprávali sa pri jedle a počas poslednej cigarety dňa.

Una notte tennero una riunione e portarono Dave al fuoco.

Jednej noci usporiadali stretnutie a priviedli Davea k ohňu.

Gli premevano e palpavano il corpo e lui gridava spesso.

Tlačili a skúmali jeho telo a on často kričal.

Era evidente che qualcosa non andava, anche se non sembrava esserci nessuna frattura.

Bolo jasné, že niečo nie je v poriadku, hoci sa zdalo, že žiadne kosti nie sú zlomené.

Quando arrivarono al Cassiar Bar, Dave stava cadendo.

Keď dorazili do Cassiar Baru, Dave už padal.

Il meticcio scozzese impose uno stop e rimosse Dave dalla squadra.

Škótsky kríženec zastavil tím a vylúčil Davea z tímu.

Fissò Solleks al posto di Dave, il più vicino possibile alla parte anteriore della slitta.

Pripevnil Solleky na Daveovo miesto, najbližšie k prednej časti saní.

Voleva lasciare che Dave riposasse e corresse libero dietro la slitta in movimento.

Chcel nechať Davea odpočívať a voľne behať za pohybujúcimi sa saňami.

Ma nonostante la malattia, Dave odiava che gli venisse tolto il lavoro che aveva ricoperto.

Ale aj keď bol chorý, Dave neznášal, keď ho vzali z práce, ktorú predtým vykonával.

Ringhiò e piagnucolò quando gli strapparono le redini dal corpo.

Zavrčal a zakňučal, keď mu z tela sťahovali opraty.

Quando vide Solleks al suo posto, pianse disperato.

Keď uvidel Solleksa na svojom mieste, plakal od zlomeného srdca.

L'orgoglio per il lavoro sui sentieri era profondo in Dave, anche quando la morte si avvicinava.

Hrdosť na prácu na túrach bola v Daveovi hlboko cítiť, aj keď sa blížila smrť.

Mentre la slitta si muoveva, Dave arrancava nella neve soffice vicino al sentiero.

Ako sa sane pohli, Dave sa motal v mäkkom snehu blízko chodníka.

Attaccò Solleks, mordendolo e spingendolo giù dal lato della slitta.

Zaútočil na Solleka, hrýzol ho a strkal z boku saní.

Dave cercò di saltare nell'imbracatura e di riprendersi il suo posto di lavoro.

Dave sa pokúsil skočiť do postroja a získať späť svoje pracovné miesto.

Lui guaiva, si lamentava e piangeva, diviso tra il dolore e l'orgoglio del parto.

Jačal, kňučal a plakal, rozpoltený medzi bolesťou a hrdosťou na prácu.

Il meticcio usò la frusta per cercare di allontanare Dave dalla squadra.

Kríženec sa bičom pokúsil odohnať Davea od tímu.

Ma Dave ignorò la frustata e l'uomo non riuscì a colpirlo più forte.

Ale Dave ignoroval úder bičom a muž ho nemohol udrieť silnejšie.

Dave rifiutò il sentiero più facile dietro la slitta, dove la neve era compatta.

Dave odmietol ľahšiu cestu za saňami, kde bol udupaný sneh.

Invece, si ritrovò a lottare nella neve profonda, ai lati del sentiero, in preda alla miseria.

Namiesto toho sa v hlbokom snehu popri chodníku trápil a bojoval.

Alla fine Dave crollò, giacendo sulla neve e urlando di dolore.

Nakoniec sa Dave zrútil, ležal v snehu a zavýjal od bolesti.

Lanciò un grido mentre la lunga fila di slitte gli passava accanto una dopo l'altra.

Vykríkol, keď ho dlhý zástup saní míňal jeden po druhom.

Tuttavia, con le poche forze che gli rimanevano, si alzò e barcollò dietro di loro.

Napriek tomu, s trochou síl, ktoré mu ešte zostali, vstal a potácal sa za nimi.

Quando il treno si fermò di nuovo, lo raggiunse e trovò la sua vecchia slitta.

Keď vlak znova zastavil, dobehol ho a našiel svoje staré sane.

Superò con difficoltà le altre squadre e tornò a posizionarsi accanto a Solleks.

Prešmykol sa okolo ostatných tímov a znova sa postavil vedľa Solleksa.

Mentre l'autista si fermava per accendere la pipa, Dave colse l'ultima occasione.

Keď sa vodič zastavil, aby si zapálil fajku, Dave využil poslednú šancu.

Quando l'autista tornò e urlò, la squadra non avanzò.

Keď sa vodič vrátil a zakričal, tím sa nepohol vpred.

I cani avevano girato la testa, confusi dall'improvviso arresto.

Psy otočili hlavy, zmätené náhlym zastavením.

Anche il conducente era scioccato: la slitta non si era mossa di un centimetro in avanti.

Aj vodič bol šokovaný – sane sa nepohli ani o centimeter dopredu.

Chiamò gli altri perché venissero a vedere cosa era successo.

Zavolal na ostatných, aby prišli a pozreli sa, čo sa stalo.

Dave aveva masticato le redini di Solleks, spezzandole entrambe.

Dave prehrýzol Solleksove opraty a obe mu zlomil.

Ora era di nuovo in piedi davanti alla slitta, nella sua giusta posizione.

Teraz stál pred saňami, späť na svojom správnom mieste.

Dave alzò lo sguardo verso l'autista, implorandolo silenziosamente di restare al passo.

Dave zdvihol zrak na vodiča a v duchu ho prosil, aby zostal v koľajniciach.

L'autista era perplesso e non sapeva cosa fare per il cane in difficoltà.

Vodič bol zmätený a nevedel, čo má robiť so trápiacim sa psom.

Gli altri uomini parlavano di cani morti perché li avevano portati fuori.

Ostatní muži hovorili o psoch, ktoré uhynuli pri odchode von.

Raccontavano di cani vecchi o feriti il cui cuore si era spezzato quando erano stati abbandonati.

Rozprávali o starých alebo zranených psoch, ktorým sa zlomilo srdce, keď ich nechali pozadu.

Concordarono che era un atto di misericordia lasciare che Dave morisse mentre era ancora imbrigliato.

Zhodli sa, že je milosrdenstvom nechať Davea zomrieť ešte v postroji.

Fu rimesso in sicurezza sulla slitta e Dave tirò con orgoglio.

Bol pripútaný späť k saniam a Dave ich hrdo ťahal.

Anche se a volte gridava, lavorava come se il dolore potesse essere ignorato.

Hoci občas kričal, pracoval, akoby bolesť mohol ignorovať.

Più di una volta cadde e fu trascinato prima di rialzarsi.

Viackrát spadol a bol ťahaný, kým sa znova postavil.

A un certo punto la slitta gli rotolò addosso e da quel momento in poi zoppicò.

Raz sa cez neho prevrátili sane a od tej chvíle kríval.

Nonostante ciò, lavorò finché non raggiunse l'accampamento e poi si sdraiò accanto al fuoco.

Napriek tomu pracoval, kým nedorazil do tábora, a potom si ľahol k ohňu.

Al mattino Dave era troppo debole per muoversi o anche solo per stare in piedi.

Ráno bol Dave príliš slabý na to, aby cestoval alebo dokonca stáť vzpriamene.

Al momento di allacciare l'imbracatura, cercò di raggiungere il suo autista con sforzi tremanti.

Keď bol čas zapnúť sa, s trasúcou sa námahou sa snažil dostať k svojmu vodičovi.

Si sforzò di rialzarsi, barcollò e crollò sul terreno innevato.

Prinútil sa postaviť, zatackal sa a zrútil sa na zasneženú zem.

Utilizzando le zampe anteriori, trascinò il suo corpo verso la zona dell'imbracatura.

Prednými nohami ťahal svoje telo smerom k postroju.

Si fece avanti, centimetro dopo centimetro, verso i cani da lavoro.

Ťahal sa dopredu, centimeter za centimetrom, smerom k pracovným psom.

Le forze gli cedettero, ma continuò a muoversi nel suo ultimo disperato tentativo.

Sila ho opustila, ale v poslednom zúfalom úsilí sa neustál.

I suoi compagni di squadra lo videro ansimare nella neve, ancora desideroso di unirsi a loro.

Jeho spoluhráči ho videli lapať po dychu v snehu a stále túžiť sa k nim pridať.

Lo sentirono urlare di dolore mentre si lasciavano alle spalle l'accampamento.

Keď opúšťali tábor, počuli ho zavýjať od zármutku.

Mentre la squadra svaniva tra gli alberi, il grido di Dave risuonava dietro di loro.

Keď tím zmizol v stromoch, Daveov krik sa ozýval za nimi.

Il treno delle slitte si fermò brevemente dopo aver attraversato un tratto di fiume ricco di boschi.

Vlak so saňami sa krátko zastavil po prejdení cez úsek riečneho lesa.

Il meticcio scozzese tornò lentamente verso l'accampamento alle sue spalle.

Škótsky kríženec sa pomaly vracal späť k táboru za nimi.

Gli uomini smisero di parlare quando lo videro scendere dal treno delle slitte.

Muži prestali hovoriť, keď ho videli vystupovať zo saní.

Poi un singolo colpo di pistola risuonò chiaro e netto attraverso il sentiero.

Potom sa cez chodník jasne a ostro ozval jediný výstrel.

L'uomo tornò rapidamente e prese il suo posto senza dire una parola.

Muž sa rýchlo vrátil a bez slova zaujal svoje miesto.

Le fruste schioccavano, i campanelli tintinnavano e le slitte avanzavano sulla neve.

Biče praskali, zvončeky cinkali a sane sa kotúľali ďalej snehom.

Ma Buck sapeva cosa era successo, come tutti gli altri cani.

Ale Buck vedel, čo sa stalo – a rovnako aj každý iný pes.

La fatica delle redini e del sentiero
Drma opratí a chodníka

Trenta giorni dopo aver lasciato Dawson, la Salt Water Mail raggiunse Skaguay.
Tridsať dní po odchode z Dawsonu dorazila loď Salt Water Mail do Skaguay.
Buck e i suoi compagni di squadra presero il comando e arrivarono in condizioni pietose.
Buck a jeho spoluhráči sa ujali vedenia a dorazili v žalostnom stave.
Buck era sceso da 140 a 150 chili.
Buck schudol zo stoštyridsiatich na sto pätnásť kíl.
Gli altri cani, sebbene più piccoli, avevano perso ancora più peso corporeo.
Ostatné psy, hoci boli menšie, stratili ešte viac telesnej hmotnosti.
Pike, che una volta zoppicava fingendo, ora trascinava dietro di sé una gamba veramente ferita.
Pike, kedysi falošný krívajúci, teraz za sebou ťahal skutočne zranenú nohu.
Solleks zoppicava gravemente e Dub aveva una scapola slogata.
Solleks silno kríval a Dub mal vykĺbenú lopatku.
Tutti i cani del team avevano i piedi doloranti a causa delle settimane trascorse sul sentiero ghiacciato.
Každý pes v tíme mal boľavé nohy z týždňov strávených na zamrznutej ceste.
Non avevano più slancio nei loro passi, solo un movimento lento e trascinato.
V ich krokoch už nezostala žiadna pružnosť, len pomalý, vlečný pohyb.
I loro piedi colpivano il sentiero con forza e ogni passo aggiungeva ulteriore sforzo al loro corpo.
Ich nohy tvrdo dopadali na chodník a každý krok im pridával na telá väčšiu námahu.

Non erano malati, erano solo stremati oltre ogni possibile guarigione naturale.

Neboli chorí, len vyčerpaní nad rámec akéhokoľvek prirodzeného zotavenia.

Non si trattava della stanchezza di una giornata faticosa, curata con una notte di riposo.

Toto nebola únava z jedného náročného dňa, vyliečená nočným odpočinkom.

Era una stanchezza accumulata lentamente attraverso mesi di sforzi estenuanti.

Bola to vyčerpanosť, ktorá sa pomaly budovala mesiacmi vyčerpávajúcej námahy.

Non era rimasta alcuna riserva di forze: avevano esaurito ogni energia a loro disposizione.

Nezostali im žiadne rezervné sily – vyčerpali všetko, čo mali.

Ogni muscolo, fibra e cellula del loro corpo era consumato e usurato.

Každý sval, vlákno a bunka v ich telách boli vyčerpané a opotrebované.

E c'era un motivo: avevano percorso duemilacinquecento miglia.

A mal na to dôvod – prešli dvetisíctipäťsto míľ.

Si erano riposati solo cinque giorni durante le ultime milleottocento miglia.

Počas posledných osemsto míľ odpočívali iba päť dní.

Quando giunsero a Skaguay, sembrava che riuscissero a malapena a stare in piedi.

Keď dorazili do Skaguay, vyzerali, že sa ledva dokážu udržať na nohách.

Facevano fatica a tenere le redini strette e a restare davanti alla slitta.

S ťažkosťami udržali opraty pevne napnuté a udržali sa pred saňami.

Nei pendii in discesa riuscivano solo a evitare di essere investiti.

Na zjazdných svahoch sa im podarilo vyhnúť sa len prejdeniu.

"Continuate a marciare, poveri piedi doloranti", disse l'autista mentre zoppicavano.

„Pokračuj, úbohé boľavé nohy," povedal vodič, keď krívali ďalej.

"Questo è l'ultimo tratto, poi ci prenderemo tutti un lungo riposo, di sicuro."

„Toto je posledný úsek, potom si všetci určite dáme dlhší odpočinok."

"Un riposo davvero lungo", promise, guardandoli barcollare in avanti.

„Jeden naozaj dlhý odpočinok," sľúbil a sledoval, ako sa potácajú vpred.

Gli autisti si aspettavano una lunga e necessaria pausa.

Vodiči očakávali, že teraz dostanú dlhú a potrebnú prestávku.

Avevano percorso milleduecento miglia con solo due giorni di riposo.

Precestovali dvanásťsto míľ a mali len dva dni odpočinku.

Per correttezza e ragione, ritenevano di essersi guadagnati un po' di tempo per rilassarsi.

Spravodlivo a rozumne mali pocit, že si zaslúžili čas na oddych.

Ma troppi erano giunti nel Klondike e troppo pochi erano rimasti a casa.

Ale na Klondike ich prišlo priveľa a príliš málo zostalo doma.

Le lettere delle famiglie continuavano ad arrivare, creando pile di posta in ritardo.

Listy od rodín sa zaplavili a vytvárali kopy oneskorenej pošty.

Arrivarono gli ordini ufficiali: i nuovi cani della Hudson Bay avrebbero preso il sopravvento.

Prišli oficiálne rozkazy – nové psy z Hudsonovho zálivu mali prevziať velenie.

I cani esausti, ormai considerati inutili, dovevano essere eliminati.

Vyčerpané psy, teraz označované za bezcenné, mali byť zlikvidované.

Poiché i soldi erano più importanti dei cani, venivano venduti a basso prezzo.

Keďže peniaze boli dôležitejšie ako psy, mali sa predávať lacno.

Passarono altri tre giorni prima che i cani si accorgessero di quanto fossero deboli.

Prešli ďalšie tri dni, kým psy pocítili, aké sú slabé.

La quarta mattina, due uomini provenienti dagli Stati Uniti acquistarono l'intera squadra.

Na štvrté ráno kúpili celý tím dvaja muži zo Štátov.

La vendita comprendeva tutti i cani e le loro imbracature usate.

Predaj zahŕňal všetkých psov plus ich opotrebovaný postroj.

Mentre concludevano l'affare, gli uomini si chiamavano tra loro "Hal" e "Charles".

Muži sa pri uzatváraní obchodu oslovovali „Hal" a „Charles".

Charles era un uomo di mezza età, pallido, con labbra molli e folti baffi.

Karol bol v strednom veku, bledý, s ovisnutými perami a ostrými končekmi fúzov.

Hal era un giovane, forse diciannove anni, che indossava una cintura imbottita di cartucce.

Hal bol mladý muž, možno devätnásťročný, s opaskom plným nábojov.

Nella cintura erano contenuti un grosso revolver e un coltello da caccia, entrambi inutilizzati.

Na opasku bol veľký revolver a poľovnícky nôž, oba nepoužité.

Dimostrava quanto fosse inesperto e inadatto alla vita nel Nord.

Ukázalo sa, aký bol neskúsený a neschopný života na severe.

Nessuno dei due uomini viveva in natura; la loro presenza sfidava ogni ragionevolezza.

Ani jeden z nich nepatril do divočiny; ich prítomnosť vzdorovala akémukoľvek rozumu.

Buck osservava lo scambio di denaro tra l'acquirente e l'agente.

Buck sledoval, ako si kupujúci a agent vymieňajú peniaze.

Sapeva che i conducenti dei treni postali stavano abbandonando la sua vita come tutti gli altri.

Vedel, že rušňovodiči poštových vlakov opúšťajú aj jeho život ako všetci ostatní.

Seguirono Perrault e François, ormai scomparsi.

Nasledovali Perraulta a Françoisa, ktorých si už nikto nepamätal.

Buck e la squadra vennero condotti al disordinato accampamento dei loro nuovi proprietari.

Bucka a tím odviedli do zanedbaného tábora ich nových majiteľov.

La tenda cedeva, i piatti erano sporchi e tutto era in disordine.

Stan sa prehýbal, riad bol špinavý a všetko ležalo v neporiadku.

Anche Buck notò una donna lì: Mercedes, moglie di Charles e sorella di Hal.

Buck si tam všimol aj ženu – Mercedes, Charlesovu manželku a Halovu sestru.

Formavano una famiglia completa, anche se erano tutt'altro che adatti al sentiero.

Tvorili kompletnú rodinu, hoci ani zďaleka neboli vhodní na túto túru.

Buck osservava nervosamente mentre il trio iniziava a impacchettare le provviste.

Buck nervózne sledoval, ako trojica začína baliť zásoby.

Lavoravano duro ma senza ordine, solo confusione e sforzi sprecati.

Pracovali tvrdo, ale bez poriadku – len rozruch a zbytočné úsilie.

La tenda era arrotolata fino a formare una sagoma ingombrante, decisamente troppo grande per la slitta.

Stan bol zrolovaný do objemného tvaru, príliš veľký na sane.

I piatti sporchi venivano imballati senza essere stati né lavati né asciugati.

Špinavý riad bol zabalený bez toho, aby bol vôbec umytý alebo vysušený.

Mercedes svolazzava in giro, parlando, correggendo e intromettendosi in continuazione.

Mercedes sa potulovala sem a tam, neustále rozprávala, opravovala a miešala sa do všetkého.

Quando le misero un sacco davanti, lei insistette perché lo mettesse dietro.

Keď jej vreco položili spredu, trvala na tom, aby išlo aj dozadu.

Mise il sacco in fondo e un attimo dopo ne ebbe bisogno.

Vrece zbalila na spodok a v ďalšej chvíli ho potrebovala.

Quindi la slitta venne disimballata di nuovo per raggiungere quella specifica borsa.

Takže sane boli opäť vybalené, aby sa dostali k tej jednej konkrétnej taške.

Lì vicino, tre uomini stavano fuori da una tenda e osservavano la scena che si svolgeva.

Neďaleko stáli pred stanom traja muži a sledovali, čo sa deje.

Sorrisero, ammiccarono e sogghignarono di fronte all'evidente confusione dei nuovi arrivati.

Usmievali sa, žmurkali a uškrnuli sa nad zjavným zmätkom nováčikov.

"Hai già un carico parecchio pesante", disse uno degli uomini.

„Už teraz máš poriadne ťažký náklad," povedal jeden z mužov.

"Non credo che dovresti portare quella tenda, ma la scelta è tua."

„Myslím si, že by si ten stan nemal niesť, ale je to tvoja voľba."

"Impensabile!" esclamò Mercedes, alzando le mani in segno di disperazione.

„Nesnívané!" zvolala Mercedes a zúfalo rozhodila rukami.

"Come potrei viaggiare senza una tenda sotto cui dormire?"

„Ako by som mohol cestovať bez stanu, pod ktorým by som mohol spať?"

«È primavera, non vedrai più il freddo», rispose l'uomo.

„Je jar – už tu neuvidíte chladné počasie," odpovedal muž.

Ma lei scosse la testa e loro continuarono ad accumulare oggetti sulla slitta.

Ale pokrútila hlavou a oni ďalej nakladali veci na sane.

Il carico era pericolosamente alto mentre aggiungevano gli ultimi oggetti.

Náklad sa nebezpečne týčil vysoko, keď pridávali posledné veci.

"Pensi che la slitta andrà avanti?" chiese uno degli uomini con aria scettica.

„Myslíš, že sane pôjdu?" spýtal sa jeden z mužov so skeptickým pohľadom.

"E perché non dovrebbe?" ribatté Charles con netto fastidio.

„Prečo by nemalo?" odsekol Charles s ostrou podráždenosťou.

"Oh, va bene", disse rapidamente l'uomo, evitando di offendersi.

„Och, to je v poriadku," povedal muž rýchlo a cúvol, aby sa nestal urážlivým.

"Mi chiedevo solo: mi sembrava un po' troppo pesante nella parte superiore."

„Len som sa pýtal – mne sa to zdalo trochu príliš ťažké navrchu."

Charles si voltò e legò il carico meglio che poté.

Karol sa odvrátil a uviazal náklad, ako najlepšie vedel.

Ma le legature erano allentate e l'imballaggio nel complesso era fatto male.

Ale laná boli voľné a celkovo zle zabalené.

"Certo, i cani tireranno così tutto il giorno", disse sarcasticamente un altro uomo.

„Jasné, psy to budú ťahať celý deň," povedal sarkasticky ďalší muž.

«Certamente», rispose Hal freddamente, afferrando il lungo timone della slitta.

„Samozrejme," odpovedal Hal chladne a chytil sa dlhej výstužnej tyče saní.

Tenendo una mano sul palo, faceva roteare la frusta nell'altra.

S jednou rukou na žrdi sa druhou švihal bičom.

"Andiamo!" urlò. "Muovetevi!", incitando i cani a partire.

„Poďme!" zakričal. „Pohni sa!" nabádal psy, aby sa rozbehli.

I cani si appoggiarono all'imbracatura e si sforzarono per qualche istante.

Psy sa opreli do postroja a chvíľu sa napínali.

Poi si fermarono, incapaci di spostare di un centimetro la slitta sovraccarica.

Potom sa zastavili, nedokázali pohnúť s preťaženými saňami ani o centimeter.

"Quei fannulloni!" urlò Hal, alzando la frusta per colpirli.

„Tí leniví beštie!" zakričal Hal a zdvihol bič, aby ich udrel.

Ma Mercedes si precipitò dentro e strappò la frusta dalle mani di Hal.

Ale Mercedes vbehla dnu a vytrhla Halovi bič z rúk.

«Oh, Hal, non osare far loro del male», gridò allarmata.

„Ach, Hal, neopováž sa im ublížiť!" zvolala vystrašene.

"Promettimi che sarai gentile con loro, altrimenti non farò un altro passo."

„Sľúb mi, že k nim budeš milý, inak neurobím ani krok."

"Non sai niente di cani", scattò Hal contro la sorella.

„O psoch nevieš nič," odsekol Hal sestre.

"Sono pigri e l'unico modo per smuoverli è frustarli."

„Sú leniví a jediný spôsob, ako ich pohnúť, je zbičovať ich."

"Chiedi a chiunque, chiedi a uno di quegli uomini laggiù se dubiti di me."

„Spýtaj sa kohokoľvek – spýtaj sa jedného z tých mužov tam, ak o mne pochybuješ."

Mercedes guardò gli astanti con occhi imploranti e pieni di lacrime.

Mercedes sa na prizerajúcich pozrela prosebným, uplakaným pohľadom.

Il suo viso rivelava quanto odiasse la vista di qualsiasi dolore.

Jej tvár prezrádzala, ako hlboko nenávidí pohľad na akúkoľvek bolesť.

"Sono deboli, tutto qui", ha detto un uomo. "Sono sfiniti."

„Sú slabí, to je všetko," povedal jeden muž. „Sú vyčerpaní."

"Hanno bisogno di riposare: hanno lavorato troppo a lungo senza una pausa."

„Potrebujú si oddýchnuť – boli príliš dlho unavení bez prestávky."

«Che il resto sia maledetto», borbottò Hal arricciando il labbro.

„Zvyšok nech je prekliaty," zamrmlal Hal so zovretými perami.

Mercedes sussultò, visibilmente addolorata per le parole volgari pronunciate da lui.

Mercedes zalapala po dychu, zjavne ju jeho hrubé slovo dojalo.

Ciononostante, lei rimase leale e difese immediatamente il fratello.

Napriek tomu zostala verná a okamžite sa postavila na obranu svojho brata.

"Non badare a quell'uomo", disse ad Hal. "Sono i nostri cani."

„Nevšímaj si toho muža," povedala Halovi. „Sú to naše psy."

"Li guidi come meglio credi: fai ciò che ritieni giusto."

„Riaďte ich, ako uznáte za vhodné – robte to, čo považujete za správne."

Hal sollevò la frusta e colpì di nuovo i cani senza pietà.

Hal zdvihol bič a znova bez milosti udrel psy.

Si lanciarono in avanti, con i corpi bassi e i piedi che affondavano nella neve.

Vrhli sa dopredu, telá nízko, nohy zaborené do snehu.

Tutta la loro forza era concentrata nel traino, ma la slitta non si muoveva.

Všetka ich sila išla do ťahu, ale sane sa nepohli.

La slitta rimase bloccata, come un'ancora congelata nella neve compatta.

Sane zostali zaseknuté ako kotva zamrznutá v udupanom snehu.

Dopo un secondo tentativo, i cani si fermarono di nuovo, ansimando forte.

Po druhom pokuse sa psy opäť zastavili a ťažko dychčali.

Hal sollevò di nuovo la frusta, proprio mentre Mercedes interferiva di nuovo.

Hal znova zdvihol bič, práve keď Mercedes opäť zasiahla.

Si lasciò cadere in ginocchio davanti a Buck e gli abbracciò il collo.

Klekla si pred Bucka na kolená a objala ho okolo krku.

Le lacrime le riempivano gli occhi mentre implorava il cane esausto.

Slzy sa jej tisli do očí, keď prosila vyčerpaného psa.

"Poveri cari", disse, "perché non tirate più forte?"

„Vy chúďatká," povedala, „prečo jednoducho neťaháte silnejšie?"

"Se tiri, non verrai frustato così."

„Ak budeš ťahať, tak ťa takto zbičujú."

A Buck non piaceva Mercedes, ma ormai era troppo stanco per resisterle.

Buck nemal rád Mercedes, ale bol príliš unavený na to, aby jej teraz odolal.

Lui accettò le sue lacrime come se fossero solo un'altra parte di quella giornata miserabile.

Prijal jej slzy len ako ďalšiu súčasť biedneho dňa.

Uno degli uomini che osservavano, dopo aver represso la rabbia, finalmente parlò.

Jeden z prizerajúcich sa mužov konečne prehovoril, keď potlačil hnev.

"Non mi interessa cosa succede a voi, ma quei cani sono importanti."

„Je mi jedno, čo sa s vami stane, ale na tých psoch záleží."

"Se vuoi aiutare, stacca quella slitta: è ghiacciata e innevata."

„Ak chceš pomôcť, uvoľni tie sane – sú zamrznuté na sneh."

"Spingi con forza il palo della luce, a destra e a sinistra, e rompi il sigillo di ghiaccio."

„Silno zatlač na výstužnú tyč, doprava aj doľava, a prelom ľadovú ochrannú plombu."

Fu fatto un terzo tentativo, questa volta seguendo il suggerimento dell'uomo.

Uskutočnil sa tretí pokus, tentoraz na mužov návrh.

Hal fece oscillare la slitta da una parte all'altra, facendo staccare i pattini.

Hal hojdal sane zo strany na stranu a uvoľňoval ich.

La slitta, benché sovraccarica e scomoda, alla fine sobbalzò in avanti.

Sane, hoci preťažené a nemotorné, sa nakoniec pohli dopredu.

Buck e gli altri tirarono selvaggiamente, spinti da una tempesta di frustate.

Buck a ostatní divoko ťahali, poháňaní spŕškou švihov bičom.

Un centinaio di metri più avanti, il sentiero curvava e scendeva in pendenza verso la strada.

Sto metrov pred nimi sa chodník kľukatil a zvažoval do ulice.

Ci sarebbe voluto un guidatore esperto per tenere la slitta in posizione verticale.

Bude potrebné, aby sane udržal vo vzpriamenej polohe, a to skúseného vodiča.

Hal non era abile e la slitta si ribaltò mentre svoltava.

Hal nebol zručný a sane sa pri prudkom zatáčaní prevrátili.

Le cinghie allentate cedettero e metà del carico si rovesciò sulla neve.

Uvoľnené laná povoľovali a polovica nákladu sa vysypala na sneh.

I cani non si fermarono; la slitta più leggera continuò a procedere su un fianco.

Psy sa nezastavili; ľahšie sane leteli na boku.

I cani, furiosi per i maltrattamenti e per il peso del carico, corsero più veloci.

Nahnevané zlým zaobchádzaním a ťažkým bremenom psy bežali rýchlejšie.

Buck, infuriato, si lanciò a correre, seguito dalla squadra.

Buck sa v rozzúrenosti rozbehol a tím ho nasledoval.

Hal urlò "Whoa! Whoa!" ma la squadra non gli prestò attenzione.

Hal zakričal „No teda! No teda!", ale tím si ho nevšímal.

Inciampò, cadde e fu trascinato a terra dall'imbracatura.

Potkol sa, spadol a postroj ho ťahal po zemi.

La slitta rovesciata lo travolse mentre i cani continuavano a correre avanti.

Prevrátené sane ho prevalili, zatiaľ čo psy sa hnali vpred.

Il resto delle provviste è sparso lungo la trafficata strada di Skaguay.

Zvyšok zásob sa rozptýlil po rušnej ulici v Skaguayi.

Le persone di buon cuore si precipitarono a fermare i cani e a raccogliere l'attrezzatura.

Dobrosrdeční ľudia sa ponáhľali zastaviť psy a zhromaždiť výstroj.

Diedero anche consigli schietti e pratici ai nuovi viaggiatori.

Tiež dávali novým cestovateľom rady, priame a praktické.

"Se vuoi raggiungere Dawson, prendi metà del carico e raddoppia i cani."

„Ak sa chceš dostať do Dawsonu, vezmi si polovicu nákladu a zdvojnásob psy.“

Hal, Charles e Mercedes ascoltarono, anche se non con entusiasmo.

Hal, Charles a Mercedes počúvali, hoci nie s nadšením.

Montarono la tenda e cominciarono a sistemare le loro provviste.

Postavili si stan a začali triediť svoje zásoby.

Ne uscirono dei cibi in scatola, che fecero ridere a crepapelle gli astanti.

Vyšli konzervované potraviny, ktoré rozosmiali prizerajúcich sa.

"Roba in scatola sul sentiero? Morirai di fame prima che si sciolga", disse uno.

„Konzervované veci na ceste? Skôr ako sa roztopia, zomriete od hladu,“ povedal jeden.

"Coperte d'albergo? Meglio buttarle via tutte."

„Hotelové deky? Radšej ich všetky vyhodíš.“

"Togli anche la tenda e qui nessuno laverà più i piatti."

„Zhoď aj stan a nikto tu neumýva riad.“

"Pensi di viaggiare su un treno Pullman con dei servitori a bordo?"

„Myslíš si, že ideš pullmanovským vlakom so sluhami na palube?"

Il processo ebbe inizio: ogni oggetto inutile venne gettato da parte.

Proces sa začal – každá nepotrebná vec bola odhodená nabok.

Mercedes pianse quando le sue borse furono svuotate sul terreno innevato.

Mercedes plakala, keď jej tašky vysypali na zasneženú zem.

Singhiozzava per ogni oggetto buttato via, uno per uno, senza sosta.

Vzlykala nad každou vyhodenou vecou, jednou po druhej bez prestávky.

Giurò di non fare un altro passo, nemmeno per dieci Charles.

Prisahala, že neurobí ani krok – ani za desať Charlesov.

Pregò ogni persona vicina di lasciarle conservare le sue cose preziose.

Prosila každého človeka nablízku, aby jej dovolil nechať si jej vzácne veci.

Alla fine si asciugò gli occhi e cominciò a gettare via anche i vestiti più importanti.

Nakoniec si utrela oči a začala hádzať aj to najdôležitejšie oblečenie.

Una volta terminato il suo, cominciò a svuotare le scorte degli uomini.

Keď skončila so svojimi, začala vyprázdňovať mužské zásoby.

Come un turbine, fece a pezzi gli effetti personali di Charles e Hal.

Ako víchrica sa prehnala cez veci Charlesa a Hala.

Sebbene il carico fosse dimezzato, era comunque molto più pesante del necessario.

Hoci sa náklad znížil na polovicu, stále bol oveľa ťažší, ako bolo potrebné.

Quella notte, Charles e Hal uscirono e comprarono sei nuovi cani.

V tú noc Charles a Hal išli von a kúpili šesť nových psov.

Questi nuovi cani si unirono ai sei originali, più Teek e Koona.

Tieto nové psy sa pridali k pôvodnej šestke plus Teekovi a Koonovi.

Insieme formarono una squadra di quattordici cani attaccati alla slitta.

Spolu vytvorili záprah štrnástich psov zapriahnutých do saní.

Ma i nuovi cani erano inadatti e poco addestrati per il lavoro con la slitta.

Ale nové psy boli nespôsobilé a zle vycvičené na prácu so záprahmi.

Tre dei cani erano cani da caccia a pelo corto, mentre uno era un Terranova.

Traja psy boli krátkosrsté stavače a jeden bol novofundlanďan.

Gli ultimi due cani erano meticci senza alcuna razza o scopo ben definito.

Posledné dva psy boli bordely bez jasného plemena alebo účelu.

Non capivano il percorso e non lo imparavano in fretta.

Nerozumeli trase a nenaučili sa ju rýchlo.

Buck e i suoi compagni li osservavano con disprezzo e profonda irritazione.

Buck a jeho kamaráti ich sledovali s pohŕdaním a hlbokým podráždením.

Sebbene Buck insegnasse loro cosa non fare, non poteva insegnare loro il dovere.

Hoci ich Buck naučil, čo nerobiť, nemohol ich naučiť povinnostiam.

Non amavano la vita sui sentieri né la trazione delle redini e delle slitte.

Neznášali dobre chôdzu po vlečkách ani ťah opraty a saní.

Soltanto i bastardi cercarono di adattarsi, e anche a loro mancava lo spirito combattivo.

Iba kríženci sa snažili prispôsobiť a aj tým chýbala bojovnosť.

Gli altri cani erano confusi, indeboliti e distrutti dalla loro nuova vita.

Ostatné psy boli zmätené, oslabené a zlomené svojím novým životom.

Con i nuovi cani all'oscuro e i vecchi esausti, la speranza era flebile.

Keďže nové psy nemali rady a staré boli vyčerpané, nádej bola slabá.

La squadra di Buck aveva percorso duemilacinquecento miglia di sentiero accidentato.

Buckov tím prešiel dvetisíc päťsto míľ náročnej cesty.

Ciononostante, i due uomini erano allegri e orgogliosi della loro grande squadra di cani.

Napriek tomu boli tí dvaja muži veselí a hrdí na svoj veľký psí záprah.

Pensavano di viaggiare con stile, con quattordici cani al seguito.

Mysleli si, že cestujú štýlovo, so štrnástimi zaviazanými psami.

Avevano visto delle slitte partire per Dawson e altre arrivarne.

Videli sane odchádzať do Dawsonu a ďalšie odtiaľ prichádzať.

Ma non ne avevano mai vista una trainata da ben quattordici cani.

Ale nikdy nevideli taký, ktorý by ťahalo až štrnásť psov.

C'era un motivo per cui squadre del genere erano rare nelle terre selvagge dell'Artico.

Existoval dôvod, prečo boli takéto tímy v arktickej divočine zriedkavé.

Nessuna slitta poteva trasportare cibo sufficiente a sfamare quattordici cani per l'intero viaggio.

Žiadne sane by neuniesli dostatok jedla na nakŕmenie štrnástich psov na cestu.

Ma Charles e Hal non lo sapevano: avevano fatto i calcoli.

Ale Charles a Hal to nevedeli – urobili si výpočty.

Hanno pianificato la razione di cibo: una certa quantità per cane, per un certo numero di giorni, fatta.

Ceruzkou si rozpísali jedlo: toľko na psa, toľko dní, hotové.

Mercedes guardò i numeri e annuì come se avessero senso.

Mercedes sa pozrela na ich čísla a prikývla, akoby to dávalo zmysel.

Tutto le sembrava molto semplice, almeno sulla carta.

Všetko sa jej to zdalo veľmi jednoduché, aspoň na papieri.

La mattina seguente, Buck guidò lentamente la squadra lungo la strada innevata.

Nasledujúce ráno Buck pomaly viedol záprah po zasneženej ulici.

Non c'era né energia né spirito in lui e nei cani dietro di lui.

V ňom ani v psoch za ním nebola žiadna energia ani duch.

Erano stanchi morti fin dall'inizio: non avevano più riserve.

Od začiatku boli smrteľne unavení – nezostala im žiadna rezerva.

Buck aveva già fatto quattro viaggi tra Salt Water e Dawson.

Buck už absolvoval štyri cesty medzi Salt Water a Dawson.

Ora, di fronte alla stessa pista, non provava altro che amarezza.

Teraz, keď opäť stál pred tou istou cestou, necítil nič iné ako horkosť.

Il suo cuore non c'era, e nemmeno quello degli altri cani.

Nebol v tom odhodlaný, ani srdcia ostatných psov.

I nuovi cani erano timidi e gli husky non si fidavano per niente.

Nové psy boli plaché a huskym chýbala akákoľvek dôvera.

Buck capì che non poteva fare affidamento su quei due uomini o sulla loro sorella.

Buck cítil, že sa nemôže spoľahnúť na týchto dvoch mužov ani na ich sestru.

Non sapevano nulla e non mostravano alcun segno di apprendimento lungo il percorso.

Nič nevedeli a na ceste neprejavovali žiadne známky učenia sa.

Erano disorganizzati e privi di qualsiasi senso di disciplina.

Boli neorganizovaní a chýbal im akýkoľvek zmysel pre disciplínu.

Ogni volta impiegavano metà della notte per allestire un accampamento malmesso.

Zakaždým im trvalo pol noci, kým si postavili nedbalý tábor.

E metà della mattina successiva la trascorsero di nuovo armeggiando con la slitta.

A pol nasledujúceho rána opäť strávili hraním sa so saňami.

Spesso a mezzogiorno si fermavano solo per sistemare il carico irregolare.

Do poludnia sa často zastavovali len preto, aby opravili nerovnomerný náklad.

In alcuni giorni percorsero meno di dieci miglia in totale.

V niektoré dni prešli celkovo menej ako desať míľ.

Altri giorni non riuscivano proprio ad abbandonare l'accampamento.

Iné dni sa im vôbec nepodarilo opustiť tábor.

Non sono mai riusciti a coprire la distanza alimentare prevista.

Nikdy sa ani zďaleka nepriblížili k plánovanej vzdialenosti na prepravu jedla.

Come previsto, il cibo per i cani finì molto presto.

Ako sa očakávalo, krmivo pre psy im došlo veľmi rýchlo.

Nei primi tempi hanno peggiorato ulteriormente la situazione con l'eccesso di cibo.

V prvých dňoch situáciu ešte zhoršili prekrmovaním.

Ciò rendeva la carestia sempre più vicina, con ogni razione disattenta.

S každou neopatrnou dávkou sa hlad približoval bližšie.

I nuovi cani non avevano ancora imparato a sopravvivere con molto poco.

Nové psy sa nenaučili prežiť s veľmi malým množstvom potravy.

Mangiarono avidamente, con un appetito troppo grande per il sentiero.

Jedli hladne, s chuťou do jedla príliš veľkou na to, aby zvládli tú cestu.

Vedendo i cani indebolirsi, Hal pensò che il cibo non fosse sufficiente.

Keď Hal videl, ako psy slabnú, uveril, že jedlo nestačí.

Raddoppiò le razioni, peggiorando ulteriormente l'errore.

Zdvojnásobil dávky, čím chybu ešte zhoršil.

Mercedes aggravò il problema con le sue lacrime e le sue suppliche sommesse.

Mercedes k problému pridala slzy a tiché prosby.

Quando non riuscì a convincere Hal, diede da mangiare ai cani di nascosto.

Keď nedokázala presvedčiť Hala, tajne nakŕmila psy.

Rubò il pesce dai sacchi e glielo diede alle spalle.

Ukradla z vriec s rybami a dala im to za jeho chrbtom.

Ma ciò di cui i cani avevano veramente bisogno non era altro cibo: era riposo.

Ale psy skutočne nepotrebovali viac jedla – bol to odpočinok.

Nonostante la loro scarsa velocità, la pesante slitta continuava a procedere.

Plánovali slabý čas, ale ťažké sane sa stále vliekli.

Quel peso da solo esauriva ogni giorno le loro forze rimanenti.

Už len tá váha im každý deň vysávala zostávajúce sily.

Poi arrivò la fase della sottoalimentazione, quando le scorte scarseggiavano.

Potom prišla fáza podvýživy, pretože zásoby sa míňali.

Una mattina Hal si accorse che metà del cibo per cani era già finito.

Hal si jedného rána uvedomil, že polovica psieho krmiva je už preč.

Avevano percorso solo un quarto della distanza totale del sentiero.

Prešli len štvrtinu celkovej vzdialenosti trasy.

Non si poteva più comprare cibo, a qualunque prezzo.

Už sa nedalo kúpiť žiadne ďalšie jedlo, bez ohľadu na to, akú cenu ponúkali.

Ridusse le porzioni dei cani al di sotto della razione giornaliera standard.

Znížil psom porcie pod štandardnú dennú dávku.

Allo stesso tempo, chiese di viaggiare più a lungo per compensare la perdita.

Zároveň požadoval dlhšie cestovanie, aby vynahradil stratu.

Mercedes e Charles appoggiarono questo piano, ma fallirono nella sua realizzazione.

Mercedes a Charles tento plán podporili, ale zlyhali v jeho realizácii.

La loro pesante slitta e la mancanza di abilità rendevano il progresso quasi impossibile.

Ich ťažké sane a nedostatok zručností takmer znemožňovali pokrok.

Era facile dare meno cibo, ma impossibile forzare uno sforzo maggiore.

Bolo ľahké dať menej jedla, ale nemožné vynútiť si viac úsilia.

Non potevano partire prima, né viaggiare per ore extra.

Nemohli začať skoro, ani nemohli cestovať dlhšie.

Non sapevano come gestire i cani, e nemmeno loro stessi, a dire il vero.

Nevedeli, ako pracovať so psami, ani so sebou samými.

Il primo cane a morire fu Dub, lo sfortunato ma laborioso ladro.

Prvým psom, ktorý zomrel, bol Dub, nešťastný, ale pracovitý zlodej.

Sebbene spesso punito, Dub aveva fatto la sua parte senza lamentarsi.

Hoci Dub bol často trestaný, zvládal svoju úlohu bez sťažností.

La sua spalla ferita peggiorò se non ricevette cure adeguate e non ebbe bisogno di riposo.

Jeho zranené rameno sa bez starostlivosti a potreby odpočinku zhoršovalo.

Alla fine, Hal usò la pistola per porre fine alle sofferenze di Dub.

Nakoniec Hal použil revolver, aby ukončil Dubovo utrpenie.

Un detto comune afferma che i cani normali muoiono se vengono nutriti con razioni di husky.

Bežné príslovie tvrdilo, že normálne psy umierajú na dávkach pre huskyho.

I sei nuovi compagni di Buck avevano ricevuto solo metà della quota di cibo riservata all'husky.

Buckových šesť nových spoločníkov malo len polovičný podiel jedla pre huskyho.

Il Terranova morì per primo, seguito dai tre cani da caccia a pelo corto.

Najprv uhynul novofundlanďan a potom tri krátkosrsté stavače.

I due bastardi resistettero più a lungo ma alla fine morirono come gli altri.

Dvaja kríženci sa držali dlhšie, ale nakoniec zahynuli ako ostatní.

Ormai tutti i comfort e la gentilezza del Southland erano scomparsi.

V tomto čase už všetky vymoženosti a jemnosť Juhu boli preč.

Le tre persone avevano perso le ultime tracce della loro educazione civile.

Tí traja ľudia sa zbavili posledných stôp svojej civilizovanej výchovy.

Spogliato di glamour e romanticismo, il viaggio nell'Artico è diventato brutalmente reale.

Zbavené pôvabu a romantiky, cestovanie po Arktike sa stalo brutálne skutočným.

Era una realtà troppo dura per il loro senso di virilità e femminilità.

Bola to realita príliš drsná pre ich zmysel pre mužnosť a ženstvo.

Mercedes non piangeva più per i cani, ma piangeva solo per se stessa.

Mercedes už neplakala za psami, ale teraz plakala len za seba.

Trascorreva il tempo piangendo e litigando con Hal e Charles.

Trávila čas plačom a hádkami s Halom a Charlesom.

Litigare era l'unica cosa per cui non si stancavano mai.

Hádky boli jediná vec, na ktorú nikdy neboli príliš unavení.

La loro irritabilità derivava dalla miseria, cresceva con essa e la superava.

Ich podráždenosť pramenila z biedy, rástla s ňou a prekonala ju.

La pazienza del cammino, nota a coloro che faticano e soffrono con generosità, non è mai arrivata.

Trpezlivosť na ceste, známa tým, ktorí sa dobrotivo namáhajú a trpia, nikdy neprišla.

Quella pazienza che rende dolce la parola nonostante il dolore, era a loro sconosciuta.

Tá trpezlivosť, ktorá udržiava reč sladkú aj napriek bolesti, im bola neznáma.

Non avevano alcun briciolo di pazienza, nessuna forza derivante dalla sofferenza con grazia.

Nemali ani náznak trpezlivosti, žiadnu silu čerpanú z utrpenia s gráciou.

Erano irrigiditi dal dolore: dolori nei muscoli, nelle ossa e nel cuore.

Boli stuhnutí od bolesti – boleli ich svaly, kosti a srdce.

Per questo motivo, divennero taglienti nella lingua e pronti a pronunciare parole dure.

Kvôli tomu sa stali ostrými na jazyk a rýchlymi v drsných slovách.

Ogni giorno iniziava e finiva con voci arrabbiate e lamentele amare.

Každý deň sa začínal a končil nahnevanými hlasmi a trpkými sťažnosťami.

Charles e Hal litigavano ogni volta che Mercedes ne dava loro l'occasione.

Charles a Hal sa hádali vždy, keď im Mercedes dala šancu.

Ogni uomo credeva di aver fatto più del dovuto.

Každý muž veril, že urobil viac, než mu patrilo.

Nessuno dei due ha mai perso l'occasione di dirlo, ancora e ancora.

Ani jeden z nich nikdy nepremeškal príležitosť povedať to znova a znova.

A volte Mercedes si schierava con Charles, a volte con Hal.

Niekedy sa Mercedes postavila na stranu Charlesa, niekedy na stranu Hala.

Ciò portò a una grande e infinita lite tra i tre.

To viedlo k veľkej a nekonečnej hádke medzi tými tromi.

La disputa su chi dovesse tagliare la legna da ardere divenne incontrollabile.

Spor o to, kto má rúbať palivové drevo, sa vymkol spod kontroly.

Ben presto vennero nominati padri, madri, cugini e parenti defunti.

Čoskoro boli mená otcov, matiek, bratrancov a sesterníc a zosnulých príbuzných.

Le opinioni di Hal sull'arte o sulle opere teatrali di suo zio divennero parte della lotta.

Súčasťou boja sa stali Halove názory na umenie alebo hry jeho strýka.

Anche le convinzioni politiche di Carlo entrarono nel dibattito.

Do debaty sa dostali aj Charlesove politické presvedčenia.

Per Mercedes, perfino i pettegolezzi della sorella del marito sembravano rilevanti.

Pre Mercedes sa zdali byť relevantné aj klebety sestry jej manžela.

Espresse la sua opinione su questo e su molti dei difetti della famiglia di Charles.

Vyjadrila svoje názory na to a na mnohé nedostatky Charlesovej rodiny.

Mentre discutevano, il fuoco rimase spento e l'accampamento mezzo allestito.

Kým sa hádali, oheň zostal nezapálený a tábor napoly vyhorený.

Nel frattempo i cani erano rimasti infreddoliti e senza cibo.

Medzitým psy zostali v chlade a bez jedla.

Mercedes nutriva un risentimento che considerava profondamente personale.

Mercedes mala krivdu, ktorú považovala za hlboko osobnú.

Si sentiva maltrattata in quanto donna e le venivano negati i suoi gentili privilegi.

Cítila sa zle zaobchádzaná ako žena, odopierala svoje privilégiá.

Era carina e gentile, e per tutta la vita era stata abituata alla cavalleria.

Bola pekná a nežná a celý život zvyknutá na rytierstvo.

Ma suo marito e suo fratello ora la trattavano con impazienza.

Ale jej manžel a brat sa k nej teraz správali netrpezlivo.

A veva l'abitudine di comportarsi in modo impotente e loro cominciarono a lamentarsi.

Jej zvykom bolo tváriť sa bezmocne a oni sa začali sťažovať.

Offesa da ciò, rese loro la vita ancora più difficile.

Urazená tým im ešte viac sťažila život.

Ignorò i cani e insistette per guidare lei stessa la slitta.

Ignorovala psy a trvala na tom, že sa na saniach povozí sama.

Sebbene sembrasse esile, pesava centoventi libbre (circa quaranta chili).

Hoci vyzerala ľahkej, vážila sto dvadsať libier.

Quel peso aggiuntivo era troppo per i cani affamati e deboli.

Táto dodatočná záťaž bola pre hladujúcich, slabých psov priveľa.

Nonostante ciò, continuò a cavalcare per giorni, finché i cani non crollarono nelle redini.

Napriek tomu jazdila celé dni, až kým sa psy nerozpadli pod opraty.

La slitta si fermò e Charles e Hal la implorarono di proseguire a piedi.

Sane stáli a Charles s Halom ju prosili, aby išla pešo.

Loro la implorarono e la scongiurarono, ma lei pianse e li definì crudeli.

Prosili a úpenlivo žiadali, ale ona plakala a nazývala ich krutými.

In un'occasione, la tirarono giù dalla slitta con pura forza e rabbia.

Raz ju s veľkou silou a hnevom stiahli zo saní.

Dopo quello che accadde quella volta non ci riprovarono più.

Po tom, čo sa vtedy stalo, to už nikdy neskúsili.

Si accasciò come una bambina viziata e si sedette nella neve.

Ochabla ako rozmaznané dieťa a sadla si do snehu.

Continuarono a muoversi, ma lei si rifiutò di alzarsi o di seguirli.

Pokračovali ďalej, ale ona odmietla vstať alebo ich nasledovať.

Dopo tre miglia si fermarono, tornarono indietro e la riportarono indietro.

Po troch míľach zastavili, vrátili sa a odniesli ju späť.

La ricaricarono sulla slitta, usando ancora una volta la forza bruta.

Znovu ju naložili na sane, opäť s použitím hrubej sily.

Nella loro profonda miseria, erano insensibili alla sofferenza dei cani.

Vo svojej hlbokej biede boli k utrpeniu psov bezcitní.

Hal credeva che fosse necessario indurirsi e impose questa convinzione agli altri.

Hal veril, že človek sa musí otupiť a vnucoval túto vieru ostatným.

Inizialmente ha cercato di predicare la sua filosofia a sua sorella

Najprv sa pokúsil kázať svoju filozofiu svojej sestre

e poi, senza successo, predicò al cognato.

a potom bez úspechu kázal svojmu švagrovi.

Ebbe più successo con i cani, ma solo perché li ferì.

So psami mal väčší úspech, ale len preto, že im ubližoval.

Da Five Fingers, il cibo per cani è rimasto completamente vuoto.

V obchode Five Fingers sa krmivo pre psov úplne minulo.

Una vecchia squaw sdentata vendette qualche chilo di pelle di cavallo congelata

Bezzubá stará žena predala niekoľko kíl mrazenej konskej kože

Hal scambiò la sua pistola con la pelle di cavallo secca.

Hal vymenil svoj revolver za vysušenú konskú kožu.

La carne proveniva dai cavalli affamati di allevatori di bovini, morti mesi prima.

Mäso pochádzalo z vyhladovaných koní chovateľov dobytka mesiace predtým.

Congelata, la pelle era come ferro zincato: dura e immangiabile.

Zamrznutá koža bola ako pozinkované železo; tvrdá a nejedlá.

Per riuscire a mangiarla, i cani dovevano masticare la pelle senza sosta.

Psy museli donekonečna hrýzť kožu, aby ju zjedli.

Ma le corde coriacee e i peli corti non erano certo un nutrimento.

Ale kožovité pramene a krátke vlasy neboli potravou.

La maggior parte della pelle era irritante e non era cibo in senso stretto.

Väčšina kože bola dráždivá a v pravom zmysle slova to nebolo jedlo.

E nonostante tutto, Buck barcollava davanti a tutti, come in un incubo.

A počas toho všetkého sa Buck potácal vpredu ako v nočnej mori.

Quando poteva, tirava; quando non poteva, restava lì finché non veniva sollevato dalla frusta o dal bastone.

Ťahal, keď mohol; keď nie, ležal, kým ho bič alebo palica nezodvihli.

Il suo pelo fine e lucido aveva perso tutta la rigidità e la lucentezza di un tempo.

Jeho jemná, lesklá srsť stratila všetku svoju kedysi tuhosť a lesk.

I suoi capelli erano flosci, spettinati e pieni di sangue rappreso a causa dei colpi.

Vlasy mu viseli ochabnuté, rozstrapatené a zrazené zaschnutou krvou z úderov.

I suoi muscoli si ridussero a midolli e i cuscinetti di carne erano tutti consumati.

Jeho svaly sa scvrkli na šnúry a jeho kožné vankúšiky boli všetky zodraté.

Ogni costola, ogni osso erano chiaramente visibili attraverso le pieghe della pelle rugosa.

Každé rebro, každá kosť jasne vykúkala cez záhyby zvráskavenej kože.

Fu straziante, ma il cuore di Buck non riuscì a spezzarsi.

Bolo to srdcervúce, no Buckovi sa srdce nemohlo zlomiť.

L'uomo con il maglione rosso lo aveva testato e dimostrato molto tempo prima.

Muž v červenom svetri to už dávno vyskúšal a dokázal.

Così come accadde a Buck, accadde anche a tutti i suoi compagni di squadra rimasti.

Tak ako to bolo s Buckom, tak to bolo aj so všetkými jeho zostávajúcimi spoluhráčmi.

Ce n'erano sette in totale, ognuno uno scheletro ambulante di miseria.

Bolo ich spolu sedem, každý z nich bol chodiacou kostrou nešťastia.

Erano diventati insensibili alle fruste e sentivano solo un dolore distante.

Znecitlivení boli na bičovanie a cítili len vzdialenú bolesť.

Anche la vista e i suoni li raggiungevano debolmente, come attraverso una fitta nebbia.

Dokonca aj zrak a zvuk k nim doliehali slabo, akoby cez hustú hmlu.

Non erano mezzi vivi: erano ossa con deboli scintille al loro interno.

Neboli napoly živé – boli to kosti s matnými iskrami vo vnútri.

Una volta fermati, crollarono come cadaveri, con le scintille quasi del tutto spente.

Keď sa zastavili, zrútili sa ako mŕtvoly, ich iskry takmer vyhasli.

E quando la frusta o il bastone colpivano di nuovo, le scintille sfarfallavano debolmente.

A keď bič alebo palica udreli znova, iskry slabo zamihotali.

Poi si alzarono, barcollarono in avanti e trascinarono le loro membra in avanti.

Potom sa zdvihli, potácali sa dopredu a ťahali končatiny dopredu.

Un giorno il gentile Billee cadde e non riuscì più a rialzarsi.

Jedného dňa milý Billee spadol a už sa vôbec nemohol postaviť.

Hal aveva scambiato la sua pistola con quella di Billee, così decise di ucciderla con un'ascia.

Hal si vymenil revolver, a tak Billeeho zabil sekerou.

Lo colpì alla testa, poi gli tagliò il corpo e lo trascinò via.

Udrel ho do hlavy, potom mu rozrezal telo a odvliekol ho preč.

Buck se ne accorse, e così fecero anche gli altri: sapevano che la morte era vicina.

Buck to videl a ostatní tiež; vedeli, že smrť je blízko.

Il giorno dopo Koona se ne andò, lasciando solo cinque cani nel gruppo affamato.

Na druhý deň Koona odišiel a v hladujúcom záprahu zostalo len päť psov.

Joe, non più cattivo, era ormai troppo fuori di sé per rendersi conto di nulla.

Joe, už nie zlý, bol príliš ďaleko na to, aby si čokoľvek uvedomoval.

Pike, ormai non fingeva più di essere ferito, era appena cosciente.

Pike, ktorý už nepredstieral zranenie, bol sotva pri vedomí.

Solleks, ancora fedele, si rammaricava di non avere più la forza di dare.

Solleks, stále verný, smútil, že nemá žiadnu silu, ktorú by mohol dať.

Teek fu battuto più di tutti perché era più fresco, ma stava calando rapidamente.

Teeka porazili najviac, pretože bol sviežejší, ale rýchlo upadal.

E Buck, ancora in testa, non mantenne più l'ordine né lo fece rispettare.

A Buck, stále na čele, už neudržiaval poriadok ani ho nevynucoval.

Mezzo accecato dalla debolezza, Buck seguì la pista solo a tentoni.

Napoly slepý od slabosti, Buck sledoval stopu len hmatom.

Era una bellissima primavera, ma nessuno di loro se ne accorse.

Bolo krásne jarné počasie, ale nikto z nich si to nevšimol.

Ogni giorno il sole sorgeva prima e tramontava più tardi.

Každý deň slnko vychádzalo skôr a zapadalo neskôr ako predtým.

Alle tre del mattino era già spuntata l'alba; il crepuscolo durò fino alle nove.

O tretej ráno nastal úsvit; súmrak trval do deviatej.

Le lunghe giornate erano illuminate dal sole primaverile.

Dlhé dni boli naplnené žiarou jarného slnka.

Il silenzio spettrale dell'inverno si era trasformato in un caldo mormorio.

Strašidelné ticho zimy sa zmenilo na teplý šum.

Tutta la terra si stava svegliando, animata dalla gioia degli esseri viventi.

Celá krajina sa prebúdzala, ožívala radosťou živých tvorov.

Il suono proveniva da ciò che era rimasto morto e immobile per tutto l'inverno.

Zvuk vychádzal z toho, čo ležalo mŕtve a nehybne počas zimy.

Ora quelle cose si mossero di nuovo, scrollandosi di dosso il lungo sonno del gelo.

Teraz sa tie veci opäť pohli a striasli zo seba dlhý mrazivý spánok.

La linfa saliva attraverso i tronchi scuri dei pini in attesa.

Cez tmavé kmene čakajúcich borovíc stúpala miazga.

Salici e pioppi tremuli fanno sbocciare giovani gemme luminose su ogni ramoscello.

Vŕby a osiky na každej vetvičke vyrašili jasné mladé púčiky.

Arbusti e viti si tingono di un verde fresco mentre il bosco si anima.

Kry a vinič sa sfarbili do sviežej zelene, keď lesy ožili.

Di notte i grilli cantavano e di giorno gli insetti strisciavano nella luce del sole.

V noci štebotali cvrčky a na dennom slnku sa hemžili chrobáky.

Le pernici gridavano e i picchi picchiavano in profondità tra gli alberi.

Jarabice duneli a ďatle klopali hlboko v korunách stromov.

Gli scoiattoli chiacchieravano, gli uccelli cantavano e le oche starnazzavano per richiamare l'attenzione dei cani.

Veveričky štebotali, vtáky spievali a husi húkali nad psami.

Gli uccelli selvatici arrivavano a cunei affilati, volando in alto da sud.

Divoké vtáctvo sa prilietalo v ostrých klinoch od juhu.

Da ogni pendio giungeva la musica di ruscelli nascosti e impetuosi.

Z každého svahu sa ozývala hudba skrytých, zurčiacich potokov.

Tutto si scongelava e si spezzava, si piegava e ricominciava a muoversi.

Všetko sa roztopilo, prasklo, ohlo a opäť sa dalo do pohybu.

Lo Yukon si sforzò di spezzare le fredde catene del ghiaccio ghiacciato.

Yukon sa namáhal prelomiť chladné reťaze zamrznutého ľadu.

Il ghiaccio si scioglieva sotto, mentre il sole lo scioglieva dall'alto.

Ľad sa topil zospodu, zatiaľ čo slnko ho topilo zhora.

Si aprirono dei buchi, si allargarono delle crepe e dei pezzi caddero nel fiume.

Otvorili sa vetracie otvory, rozšírili sa praskliny a kusy padali do rieky.

In mezzo a tutta questa vita sfrenata e sfrenata, i viaggiatori barcollavano.

Uprostred všetkého toho kypiacej a planúcej smrti sa cestovatelia potácali.

Due uomini, una donna e un branco di husky camminavano come morti.

Dvaja muži, žena a svorka huskyov kráčali ako mŕtvi.

I cani cadevano, Mercedes piangeva, ma continuava a guidare la slitta.

Psy padali, Mercedes plakala, ale stále jazdila na saniach.

Hal imprecò debolmente e Charles sbatté le palpebre con gli occhi lacrimanti.

Hal slabo zaklial a Charles žmurkol slziacimi očami.

Si imbatterono nell'accampamento di John Thornton, nei pressi della foce del White River.

Narazili na tábor Johna Thorntona pri ústí Bielej rieky.

Quando si fermarono, i cani caddero a terra, come se fossero stati tutti colpiti a morte.

Keď zastavili, psy padli na zem, akoby všetky uhynuli.

Mercedes si asciugò le lacrime e guardò John Thornton.

Mercedes si utrela slzy a pozrela sa na Johna Thorntona.

Charles si sedette su un tronco, lentamente e rigidamente, dolorante per il sentiero.

Karol sedel na kmeni, pomaly a strnulo, bolelo ho od cesty.

Hal parlava mentre Thornton intagliava l'estremità del manico di un'ascia.

Hal hovoril, zatiaľ čo Thornton vyrezával koniec rukoväte sekery.

Tagliò il legno di betulla e rispose con frasi brevi e decise.

Orezával brezové drevo a odpovedal stručne, rázne.

Quando gli veniva chiesto, dava un consiglio, certo che non sarebbe stato seguito.

Keď sa ho o to opýtali, dal radu, hoci si bol istý, že sa ňou nebude riadiť.

Hal spiegò: "Ci avevano detto che il ghiaccio lungo la pista si stava staccando".

Hal vysvetlil: „Povedali nám, že sa ľad na chodníku topí."

"Ci avevano detto che dovevamo restare fermi, ma siamo arrivati a White River."

„Povedali, že by sme mali zostať tu – ale dostali sme sa do Bielej rieky."

Concluse con un tono beffardo, come per cantare vittoria nelle difficoltà.

Skončil posmešným tónom, akoby si chcel nárokovať víťazstvo v ťažkostiach.

"E ti hanno detto la verità", rispose John Thornton a bassa voce ad Hal.

„A povedali ti pravdu," odpovedal John Thornton Halovi potichu.

"Il ghiaccio potrebbe cedere da un momento all'altro: è pronto a staccarsi."

„Ľad môže každú chvíľu povoliť – je pripravený vypadnúť."

"Solo la fortuna cieca e gli sciocchi avrebbero potuto arrivare vivi fin qui."

„Len slepé šťastie a blázni sa mohli dostať tak ďaleko preživší."

"Te lo dico senza mezzi termini: non rischierei la vita per tutto l'oro dell'Alaska."

„Hovorím ti na rovinu, neriskoval by som svoj život ani za všetko aljašské zlato."

"Immagino che tu non sia uno stupido", rispose Hal.

„To preto, že nie si hlupák, predpokladám," odpovedal Hal.

"Comunque, andiamo avanti con Dawson." Srotolò la frusta.

„Aj tak pôjdeme do Dawsonu." Rozmotal bič.

"Sali, Buck! Ehi! Alzati! Forza!" urlò con voce roca.

„Vylez hore, Buck! Ahoj! Vstaň! No tak!" zakričal drsne.

Thornton continuò a intagliare, sapendo che gli sciocchi non volevano sentire ragioni.

Thornton ďalej rezbárčil, vediac, že blázni nepočujú rozum.

Fermare uno stupido era inutile, e due o tre stupidi non cambiavano nulla.

Zastaviť hlupáka bolo márne – a dvaja alebo traja hlupáci nič nezmenili.

Ma la squadra non si mosse al suono del comando di Hal.

Ale tím sa na zvuk Halovho rozkazu nepohol.

Ormai solo i colpi potevano farli sollevare e avanzare.

Teraz ich už len údery mohli prinútiť vstať a pohnúť sa vpred.

La frusta schioccava ripetutamente sui cani indeboliti.

Bič znova a znova šľahal po oslabených psoch.

John Thornton strinse forte le labbra e osservò in silenzio.

John Thornton pevne stlačil pery a mlčky sledoval.

Solleks fu il primo a rialzarsi sotto la frusta.

Solleks sa prvý pod bičom doplazil na nohy.

Poi Teek lo seguì, tremando. Joe urlò mentre barcollava.

Potom ho nasledoval Teek, trasúci sa. Joe vykríkol, keď sa potkol.

Pike cercò di alzarsi, fallì due volte, poi alla fine si rialzò barcollando.

Pike sa pokúsil vstať, dvakrát nepodarilo sa mu to, potom sa nakoniec neisto postavil.

Ma Buck rimase lì dov'era caduto, senza muoversi affatto.

Ale Buck ležal tam, kde spadol, tentoraz sa vôbec nehýbal.

La frusta lo colpì più volte, ma lui non emise alcun suono.

Bič ho sekal znova a znova, ale nevydal ani hlásku.

Lui non sussultò né oppose resistenza, rimase semplicemente immobile e in silenzio.

Nemykol sa ani sa nebránil, jednoducho zostal nehybný a tichý.

Thornton si mosse più di una volta, come per dire qualcosa, ma non lo fece.

Thornton sa viackrát pohol, akoby chcel prehovoriť, ale neurobil to.

I suoi occhi si inumidirono, ma la frusta continuava a schioccare contro Buck.

Oči mu zvlhli a bič stále šľahal po Buckovi.

Alla fine Thornton cominciò a camminare lentamente, incerto sul da farsi.

Nakoniec Thornton začal pomaly prechádzať, neistý si, čo má robiť.

Era la prima volta che Buck falliva e Hal si infuriò.

Bolo to prvýkrát, čo Buck zlyhal, a Hal sa rozzúril.

Gettò via la frusta e prese al suo posto il pesante manganello.

Odhodil bič a namiesto toho zdvihol ťažký kyj.

La mazza di legno colpì con violenza, ma Buck non si alzò per muoversi.

Drevená palica tvrdo dopadla, ale Buck sa stále nepostavil, aby sa pohol.

Come i suoi compagni di squadra, era troppo debole, ma non solo.

Rovnako ako jeho spoluhráči, aj on bol príliš slabý – ale viac než len to.

Buck aveva deciso di non muoversi, qualunque cosa accadesse.

Buck sa rozhodol nepohnúť sa, nech sa stane čokoľvek.

Sentì qualcosa di oscuro e sicuro incombere proprio davanti a sé.

Cítil, ako sa pred ním vznáša niečo temné a isté.

Quel terrore lo aveva colto non appena aveva raggiunto la riva del fiume.

Ten strach ho premohol hneď, ako dorazil na breh rieky.

Quella sensazione non lo aveva abbandonato da quando aveva sentito il ghiaccio assottigliarsi sotto le zampe.

Ten pocit ho neopustil odvtedy, čo cítil, ako je ľad pod jeho labami tenký.

Qualcosa di terribile lo stava aspettando: lo sentiva proprio lungo il sentiero.

Čakalo naňho niečo hrozné – cítil to hneď za ním.

Non avrebbe camminato verso quella cosa terribile davanti a lui

Nemienil kráčať k tej hroznej veci pred sebou.

Non avrebbe obbedito a nessun ordine che lo avrebbe condotto a quella cosa.

Nemienil poslúchnuť žiadny príkaz, ktorý ho k tomu viedol.

Ormai il dolore dei colpi non lo sfiorava più: era troppo stanco.

Bolesť z úderov sa ho teraz takmer nedotýkala – bol už príliš zraniteľní.

La scintilla della vita tremolava lentamente, affievolita da ogni colpo crudele.

Iskra života slabo mihotala, tlmená pod každým krutým úderom.

Gli arti gli sembravano distanti; tutto il corpo sembrava appartenere a un altro.

Jeho končatiny sa zdali byť vzdialené; celé jeho telo akoby patrilo niekomu inému.

Sentì uno strano torpore mentre il dolore scompariva completamente.

Pocítil zvláštne znecitlivenie, keď bolesť úplne ustúpila.

Da lontano, sentiva che lo stavano picchiando, ma non se ne rendeva conto.

Z diaľky cítil, že ho bijú, ale sotva si to uvedomoval.

Poteva udire debolmente i tonfi, ma ormai non gli facevano più male.

Slabo počul buchot, ale už ho v skutočnosti nebolel.

I colpi andarono a segno, ma il suo corpo non sembrava più il suo.

Údery dopadali, ale jeho telo sa už nezdalo byť jeho vlastné.

Poi, all'improvviso, senza alcun preavviso, John Thornton lanciò un grido selvaggio.

Potom zrazu, bez varovania, John Thornton divokým hlasom vykríkol.

Era inarticolato, più il grido di una bestia che di un uomo.

Bolo to nezrozumiteľné, skôr krik zvieraťa než človeka.

Si lanciò sull'uomo con la mazza e fece cadere Hal all'indietro.

Skočil na muža s palicou a zrazil Hala dozadu.

Hal volò come se fosse stato colpito da un albero, atterrando pesantemente al suolo.

Hal letel, akoby ho zrazil strom, a tvrdo pristál na zemi.

Mercedes urlò a gran voce in preda al panico e si portò le mani al viso.

Mercedes nahlas vykríkla v panike a chytila sa za tvár.

Charles si limitò a guardare, si asciugò gli occhi e rimase seduto.

Karol sa len pozeral, utrel si oči a zostal sedieť.

Il suo corpo era troppo irrigidito dal dolore per alzarsi o contribuire alla lotta.

Jeho telo bolo príliš stuhnuté bolesťou, aby sa postavil alebo pomohol v boji.

Thornton era in piedi davanti a Buck, tremante di rabbia, incapace di parlare.

Thornton stál nad Buckom, trasúc sa od zúrivosti, neschopný hovoriť.

Tremava di rabbia e lottò per trovare la voce.

Triasol sa od zúrivosti a snažil sa cez ňu prehovoriť.

"Se colpisci ancora quel cane, ti uccido", disse infine.

„Ak toho psa udrieš ešte raz, zabijem ťa," povedal nakoniec.

Hal si asciugò il sangue dalla bocca e tornò avanti.

Hal si utrel krv z úst a znova pristúpil k nim.

"È il mio cane", borbottò. "Togliti di mezzo o ti sistemo io."

„Je to môj pes," zamrmlal. „Uhni mi z cesty, alebo ťa opravím."

"Vado da Dawson e tu non mi fermerai", ha aggiunto.

„Idem do Dawsonu a ty ma nezastavíš," dodal.

Thornton si fermò tra Buck e il giovane arrabbiato.

Thornton stál pevne medzi Buckom a nahnevaným mladým mužom.

Non aveva alcuna intenzione di farsi da parte o di lasciar passare Hal.

Nemal v úmysle ustúpiť ani nechať Hala prejsť.

Hal tirò fuori il suo coltello da caccia, lungo e pericoloso nella sua mano.

Hal vytiahol svoj poľovnícky nôž, dlhý a nebezpečný v ruke.

Mercedes urlò, poi pianse, poi rise in preda a un'isteria selvaggia.

Mercedes kričala, potom plakala a potom sa divoko hystéricky smiala.

Thornton colpì la mano di Hal con il manico dell'ascia, con forza e rapidità.

Thornton udrel Hala do ruky rukoväťou sekery, silno a rýchlo.

Il coltello si liberò dalla presa di Hal e volò a terra.

Nôž Halovi vypadol z ruky a spadol na zem.

Hal cercò di raccogliere il coltello, ma Thornton gli batté di nuovo le nocche.

Hal sa pokúsil zdvihnúť nôž a Thornton si znova zabuchol kĺbmi prstov.

Poi Thornton si chinò, afferrò il coltello e lo tenne fermo.

Potom sa Thornton zohol, schmatol nôž a držal ho.

Con due rapidi colpi del manico dell'ascia, tagliò le redini di Buck.

Dvoma rýchlymi údermi rukoväte sekery preťal Buckovi opraty.

Hal non aveva più voglia di combattere e si allontanò dal cane.

Hal v sebe nemal žiadnu bojovnosť a od psa cúvol.

Inoltre, ora Mercedes aveva bisogno di entrambe le braccia per restare in piedi.

Okrem toho, Mercedes teraz potrebovala obe ruky, aby sa udržala vo vzpriamenej polohe.

Buck era troppo vicino alla morte per poter nuovamente tirare la slitta.

Buck bol príliš blízko smrti, aby mohol znova ťahať sane.

Pochi minuti dopo, ripartirono, dirigendosi verso il fiume.

O pár minút neskôr vyrazili a zamierili dolu riekou.

Buck sollevò debolmente la testa e li guardò lasciare la banca.

Buck slabo zdvihol hlavu a sledoval, ako odchádzajú z banky.

Pike guidava la squadra, con Solleks dietro al volante.

Pike viedol tím, Solleks bol vzadu na pozícii volantu.

Joe e Teek camminavano in mezzo, zoppicando entrambi per la stanchezza.

Joe a Teek kráčali pomedzi, obaja krívali od vyčerpania.

Mercedes si sedette sulla slitta e Hal afferrò la lunga pertica.

Mercedes sedela na saniach a Hal sa držal dlhej výstužnej tyče.

Charles barcollava dietro di lui, con passi goffi e incerti.

Karol sa potkýnal za ním, jeho kroky boli nemotorné a neisté.

Thornton si inginocchiò accanto a Buck e tastò delicatamente per vedere se aveva ossa rotte.

Thornton si kľakol k Buckovi a jemne hľadal zlomené kosti.

Le sue mani erano ruvide, ma si muovevano con gentilezza e cura.

Jeho ruky boli drsné, ale pohybovali sa s láskavosťou a starostlivosťou.

Il corpo di Buck era pieno di lividi, ma non presentava lesioni permanenti.

Buckovo telo bolo pomliaždené, ale nevykazovalo žiadne trvalé zranenia.

Ciò che restava era una fame terribile e una debolezza quasi totale.

Zostal len hrozný hlad a takmer úplná slabosť.

Quando la situazione fu più chiara, la slitta era già andata molto a valle.

Kým sa to vyjasnilo, sane už boli ďaleko po prúde.

L'uomo e il cane osservavano la slitta avanzare lentamente sul ghiaccio che si rompeva.

Muž a pes sledovali, ako sa sane pomaly plazia po praskajúcom ľade.

Poi videro la slitta sprofondare in una cavità.

Potom videli, ako sa sane prepadajú do priehlbiny.

La pertica volò in alto, ma Hal vi si aggrappò ancora invano.

Výstužná tyč vyletela hore, pričom sa jej Hal stále márne držal.

L'urlo di Mercedes li raggiunse attraverso la fredda distanza.

Mercedesin výkrik k nim doľahol cez chladnú diaľku.

Charles si voltò e fece un passo indietro, ma era troppo tardi.

Charles sa otočil a ustúpil – ale bolo už neskoro.

Un'intera calotta di ghiaccio cedette e tutti precipitarono.

Celý ľadový štít sa prepadol a všetci cez neho prepadli.

Cani, slitte e persone scomparvero nelle acque nere sottostanti.

Psy, sane a ľudia zmizli v čiernej vode pod nimi.

Nel punto in cui erano passati era rimasto solo un largo buco nel ghiaccio.

Tam, kde prešli, zostala v ľade len široká diera.

Il fondo del sentiero era crollato, proprio come aveva previsto Thornton.

Spodná časť chodníka sa prepadla – presne ako Thornton varoval.

Thornton e Buck si guardarono l'un l'altro, in silenzio per un momento.

Thornton a Buck sa na seba pozreli a chvíľu mlčali.
"Povero diavolo", disse Thornton dolcemente, e Buck gli leccò la mano.
„Ty chudák," povedal Thornton potichu a Buck mu olízal ruku.

Per amore di un uomo
Z lásky k mužovi

John Thornton si congelò i piedi per il freddo del dicembre precedente.

Johnovi Thorntonovi v decembrovom chlade omrzli nohy.

I suoi compagni lo fecero sentire a suo agio e lo lasciarono guarire da solo.

Jeho partneri ho upokojili a nechali ho zotavovať sa samého.

Risalirono il fiume per raccogliere una zattera di tronchi da sega per Dawson.

Vyšli proti prúdu rieky, aby nazbierali kopu pílových kmeňov pre Dawsona.

Zoppicava ancora leggermente quando salvò Buck dalla morte.

Keď zachránil Bucka pred smrťou, stále mierne kríval.

Ma con il persistere del caldo, anche quella zoppia è scomparsa.

Ale s pretrvávajúcim teplým počasím zmizlo aj to krívanie.

Sdraiato sulla riva del fiume durante le lunghe giornate primaverili, Buck si riposò.

Počas dlhých jarných dní ležal Buck na brehu rieky a odpočíval.

Osservava l'acqua che scorreva e ascoltava gli uccelli e gli insetti.

Sledoval tečúcu vodu a počúval vtáky a hmyz.

Lentamente Buck riacquistò le forze sotto il sole e il cielo.

Buck pomaly naberal silu pod slnkom a oblohou.

Dopo aver viaggiato tremila miglia, riposarsi è stato meraviglioso.

Oddych bol úžasný po precestovaní troch tisíc míľ.

Buck diventò pigro man mano che le sue ferite guarivano e il suo corpo si riempiva.

Buck sa stal lenivým, ako sa mu hojili rany a telo sa mu vypĺňalo.

I suoi muscoli si rassodarono e la carne tornò a ricoprire le sue ossa.

Jeho svaly spevneli a mäso sa vrátilo, aby mu pokrylo kosti.

Stavano tutti riposando: Buck, Thornton, Skeet e Nig.

Všetci odpočívali – Buck, Thornton, Skeet a Nig.

Aspettarono la zattera che li avrebbe portati a Dawson.

Čakali na plť, ktorá ich mala odviezť do Dawsonu.

Skeet era un piccolo setter irlandese che fece amicizia con Buck.

Skeet bol malý írsky seter, ktorý sa spriatelil s Buckom.

Buck era troppo debole e malato per resisterle al loro primo incontro.

Buck bol príliš slabý a chorý, aby jej pri ich prvom stretnutí odolal.

Skeet aveva la caratteristica di guaritore che alcuni cani possiedono per natura.

Skeet mal liečiteľskú vlastnosť, ktorú niektoré psy prirodzene majú.

Come una gatta, leccò e pulì le ferite aperte di Buck.

Ako mama mačka olizovala a čistila Buckove zapálené rany.

Ogni mattina, dopo colazione, ripeteva il suo attento lavoro.

Každé ráno po raňajkách opakovala svoju starostlivú prácu.

Buck finì per aspettarsi il suo aiuto tanto quanto quello di Thornton.

Buck očakával jej pomoc rovnako ako Thorntonovu.

Anche Nig era amichevole, ma meno aperto e meno affettuoso.

Nig bol tiež priateľský, ale menej otvorený a menej prítulný.

Nig era un grosso cane nero, in parte segugio e in parte levriero.

Nig bol veľký čierny pes, čiastočne bloodhound a čiastočne deerhound.

Aveva occhi sorridenti e un'infinita bontà d'animo.

Mal smejúce sa oči a v duši nekonečnú dobrosrdečnosť.

Con sorpresa di Buck, nessuno dei due cani mostrò gelosia nei suoi confronti.

Na Buckovo prekvapenie ani jeden pes neprejavil voči nemu žiarlivosť.

Sia Skeet che Nig condividevano la gentilezza di John Thornton.

Skeet aj Nig zdieľali láskavosť Johna Thorntona.

Man mano che Buck diventava più forte, lo attiravano in stupidi giochi da cani.

Ako Buck silnel, lákali ho na hlúpe psie hry.

Anche Thornton giocava spesso con loro, incapace di resistere alla loro gioia.

Thornton sa s nimi tiež často hrával, neschopný odolať ich radosti.

In questo modo giocoso, Buck passò dalla malattia a una nuova vita.

Takto hravou formou sa Buck prepracoval z choroby do nového života.

L'amore, quello vero, ardente e passionale, era finalmente suo.

Láska – pravá, horiaca a vášnivá láska – bola konečne jeho.

Non aveva mai conosciuto questo tipo di amore nella tenuta di Miller.

Na Millerovom panstve nikdy nepoznal takúto lásku.

Con i figli del giudice aveva condiviso lavoro e avventure.

So sudcovými synmi zdieľal prácu a dobrodružstvo.

Nei nipoti notò un orgoglio rigido e vanitoso.

U vnukov videl strnulú a chvastavú pýchu.

Con lo stesso giudice Miller aveva un rapporto di rispettosa amicizia.

So samotným sudcom Millerom mal úctivé priateľstvo.

Ma l'amore che era fuoco, follia e adorazione era ciò che accadeva con Thornton.

Ale láska, ktorá bola ohňom, šialenstvom a uctievaním, prišla s Thorntonom.

Quest'uomo aveva salvato la vita di Buck, e questo di per sé significava molto.

Tento muž zachránil Buckovi život a už len to samo o sebe veľa znamenalo.

Ma più di questo, John Thornton era il tipo ideale di maestro.

Ale viac než to, John Thornton bol ideálnym typom majstra.

Altri uomini si prendevano cura dei cani per dovere o per necessità lavorative.

Iní muži sa starali o psy z povinnosti alebo pracovnej nevyhnutnosti.

John Thornton si prendeva cura dei suoi cani come se fossero figli.

John Thornton sa staral o svoje psy, akoby boli jeho deti.

Si prendeva cura di loro perché li amava e semplicemente non poteva farne a meno.

Staral sa o nich, pretože ich miloval a jednoducho si nemohol pomôcť.

John Thornton vide molto più lontano di quanto la maggior parte degli uomini riuscisse mai a vedere.

John Thornton videl ešte ďalej, než väčšina mužov kedy dokázala vidieť.

Non dimenticava mai di salutarli gentilmente o di pronunciare una parola di incoraggiamento.

Nikdy nezabudol ich milo pozdraviť alebo povedať povzbudivé slovo.

Amava sedersi con i cani per fare lunghe chiacchierate, o "gassy", come diceva lui.

Miloval dlhé rozhovory so psami, alebo ako hovoril, „nadýchaný".

Gli piaceva afferrare bruscamente la testa di Buck tra le sue mani forti.

Rád hrubo chytal Bucka za hlavu svojimi silnými rukami.

Poi appoggiò la testa contro quella di Buck e lo scosse delicatamente.

Potom si oprel hlavu o Buckovu a jemne ňou potriasol.

Nel frattempo, chiamava Buck con nomi volgari che per lui significavano affetto.

Celý čas Buckovi nadával hrubými slovami, ktoré pre Bucka znamenali lásku.

Per Buck, quell'abbraccio rude e quelle parole portarono una gioia profonda.

Buckovi to drsné objatie a tie slová priniesli hlbokú radosť.

A ogni movimento il suo cuore sembrava sussultare di felicità.

Zdalo sa, že mu srdce pri každom pohybe búši od šťastia.

Quando poi balzò in piedi, la sua bocca sembrava ridere.

Keď potom vyskočil, jeho ústa vyzerali, akoby sa smiali.

I suoi occhi brillavano intensamente e la sua gola tremava per una gioia inespressa.

Jeho oči jasne žiarili a hrdlo sa mu triaslo od nevyslovenej radosti.

Il suo sorriso rimase immobile in quello stato di emozione e affetto ardente.

Jeho úsmev v tom stave emócií a žiariacej náklonnosti nehybne stával.

Allora Thornton esclamò pensieroso: "Dio! Riesce quasi a parlare!"

Vtedy Thornton zamyslene zvolal: „Bože! Veď vie takmer hovoriť!"

Buck aveva uno strano modo di esprimere l'amore che quasi gli causava dolore.

Buck mal zvláštny spôsob vyjadrovania lásky, ktorý mu takmer spôsoboval bolesť.

Spesso stringeva forte la mano di Thornton tra i denti.

Často veľmi pevne zvieral Thorntonovu ruku v zuboch.

Il morso avrebbe lasciato segni profondi che sarebbero rimasti per qualche tempo.

Uhryznutie malo zanechať hlboké stopy, ktoré zostali nejaký čas potom.

Buck credeva che quei giuramenti fossero amore, e Thornton la pensava allo stesso modo.

Buck veril, že tie prísahy sú láska a Thornton vedel to isté.

Il più delle volte, l'amore di Buck si manifestava in un'adorazione silenziosa, quasi silenziosa.

Buckova láska sa najčastejšie prejavovala v tichom, takmer tichom zbožňovaní.

Sebbene fosse emozionato quando veniva toccato o gli si parlava, non cercava attenzione.

Hoci sa ho tešilo, keď sa ho dotýkali alebo sa naňho rozprávali, nevyhľadával pozornosť.

Skeet spinse il naso sotto la mano di Thornton finché lui non la accarezzò.

Skeet si strčila ňufák pod Thorntonovu ruku, kým ju nepohladil.

Nig si avvicinò silenziosamente e appoggiò la sua grande testa sulle ginocchia di Thornton.

Nig potichu prišiel a položil si veľkú hlavu na Thorntonovo koleno.

Buck, al contrario, si accontentava di amare da una rispettosa distanza.

Buck sa naopak uspokojil s láskou z úctivého odstupu.

Rimase sdraiato per ore ai piedi di Thornton, vigile e attento.

Hodiny ležal Thorntonovi pri nohách, ostražitý a pozorne sledoval.

Buck studiò ogni dettaglio del volto del suo padrone, perfino il più piccolo movimento.

Buck študoval každý detail tváre svojho pána a jeho najmenší pohyb.

Oppure sdraiati più lontano, studiando in silenzio la sagoma dell'uomo.

Alebo klamal ďalej a mlčky skúmal mužovu postavu.

Buck osservava ogni piccolo movimento, ogni cambiamento di postura o di gesto.

Buck sledoval každý malý pohyb, každú zmenu postoja alebo gesta.

Questo legame era così potente che spesso catturava lo sguardo di Thornton.

Toto spojenie bolo také silné, že často priťahovalo Thorntonov pohľad.

Incontrò lo sguardo di Buck senza dire parole, e il suo amore traspariva chiaramente.

Bez slov sa stretol s Buckovými očami, z ktorých jasne žiarila láska.

Per molto tempo dopo essere stato salvato, Buck non perse mai di vista Thornton.

Dlho po tom, čo bol zachránený, Buck nespustil Thorntona z dohľadu.

Ogni volta che Thornton usciva dalla tenda, Buck lo seguiva da vicino all'esterno.

Vždy, keď Thornton opustil stan, Buck ho tesne nasledoval von.

Tutti i severi padroni delle Terre del Nord avevano fatto sì che Buck non riuscisse più a fidarsi.

Všetci tí drsní páni na Severe spôsobili, že sa Buck bál dôverovať.

Temeva che nessun uomo potesse restare suo padrone se non per un breve periodo.

Bál sa, že nikto nemôže zostať jeho pánom dlhšie ako krátky čas.

Temeva che John Thornton sarebbe scomparso come Perrault e François.

Bál sa, že John Thornton zmizne ako Perrault a François.

Anche di notte, la paura di perderlo tormentava il sonno agitato di Buck.

Aj v noci Bucka prenasledoval strach zo straty, keď spal.

Quando Buck si svegliò, si trascinò fuori al freddo e andò nella tenda.

Keď sa Buck zobudil, vykradol sa do chladu a išiel k stanu.

Ascoltò attentamente il leggero suono del suo respiro interiore.

Pozorne načúval, či nezačuje jemné dýchanie vo svojom vnútri.

Nonostante il profondo amore di Buck per John Thornton, la natura selvaggia sopravvisse.

Napriek Buckovej hlbokej láske k Johnovi Thorntonovi divočina prežila.

Quell'istinto primitivo, risvegliatosi nel Nord, non scomparve.

Ten primitívny inštinkt, prebudený na Severe, nezmizol.

L'amore portava devozione, lealtà e il caldo legame attorno al fuoco.

Láska priniesla oddanosť, vernosť a vrúcne puto pri ohni.

Ma Buck mantenne anche i suoi istinti selvaggi, acuti e sempre all'erta.

Buck si však zachoval aj svoje divoké inštinkty, bystré a vždy v strehu.

Non era solo un animale domestico addomesticato proveniente dalle dolci terre della civiltà.

Nebol len skroteným domácim miláčikom z mäkkých krajín civilizácie.

Buck era un essere selvaggio che si era seduto accanto al fuoco di Thornton.

Buck bol divoký tvor, ktorý si prišiel sadnúť k Thorntonovmu ohňu.

Sembrava un cane del Southland, ma in lui albergava la natura selvaggia.

Vyzeral ako pes z Juhu, ale v ňom žila divokosť.

Il suo amore per Thornton era troppo grande per permettersi un furto da parte di quell'uomo.

Jeho láska k Thorntonovi bola príliš veľká na to, aby mu dovolila ukradnúť ho.

Ma in qualsiasi altro campo ruberebbe con audacia e senza esitazione.

Ale v ktoromkoľvek inom tábore by kradol smelo a bez prestávky.

Era così abile nel rubare che nessuno riusciva a catturarlo o accusarlo.

Bol taký šikovný v krádeži, že ho nikto nemohol chytiť ani obviniť.

Il suo viso e il suo corpo erano coperti di cicatrici dovute a molti combattimenti passati.

Jeho tvár a telo boli pokryté jazvami z mnohých minulých bitiek.

Buck continuava a combattere con ferocia, ma ora lo faceva con maggiore astuzia.

Buck stále bojoval zúrivo, ale teraz bojoval prefíkanejšie.

Skeet e Nig erano troppo docili per combattere, ed erano di Thornton.

Skeet a Nig boli príliš jemní na to, aby sa s nimi bili, a patrili Thorntonovi.

Ma qualsiasi cane estraneo, non importa quanto forte o coraggioso, cedeva.

Ale každý cudzí pes, bez ohľadu na to, aký bol silný alebo statočný, ustúpil.

Altrimenti, il cane si ritrovò a combattere contro Buck, lottando per la propria vita.

Inak sa pes ocitol v situácii, keď bojoval s Buckom; bojoval o svoj život.

Buck non ebbe pietà quando decise di combattere contro un altro cane.

Buck nemal zľutovanie, keď sa rozhodol bojovať s iným psom.

Aveva imparato bene la legge del bastone e della zanna nel Nord.

Dobre sa naučil zákon kyja a tesáka na Severe.

Non ha mai rinunciato a un vantaggio e non si è mai tirato indietro dalla battaglia.

Nikdy sa nevzdal výhody a nikdy neustúpil z boja.

Aveva studiato Spitz e i cani più feroci della polizia e della posta.

Študoval Špicov a najzúrivejších poštových a policajných psov.

Sapeva chiaramente che non esisteva via di mezzo in un combattimento selvaggio.

Jasne vedel, že v divokom boji niet strednej cesty.

Doveva governare o essere governato; mostrare misericordia significava mostrare debolezza.

Musel vládnuť, alebo byť ovládaný; prejaviť milosrdenstvo znamenalo prejaviť slabosť.

La pietà era sconosciuta nel mondo crudo e brutale della sopravvivenza.

V surovom a brutálnom svete prežitia bolo milosrdenstvo neznáme.

Mostrare pietà era visto come un atto di paura, e la paura conduceva rapidamente alla morte.

Prejav milosrdenstva sa vnímal ako strach a strach rýchlo viedol k smrti.

La vecchia legge era semplice: uccidere o essere uccisi, mangiare o essere mangiati.

Starý zákon bol jednoduchý: zabi alebo budeš zabitý, zjedz alebo budeš zjedený.

Quella legge proveniva dalle profondità del tempo e Buck la seguì alla lettera.

Tento zákon pochádzal z hlbín času a Buck sa ním plne riadil.

Buck era più vecchio dei suoi anni e del numero dei suoi respiri.

Buck bol starší na svoj vek a na počet nádychov, ktoré zhlboka vydýchol.

Collegava in modo chiaro il passato remoto con il momento presente.

Jasne spojil dávnu minulosť so súčasnosťou.

I ritmi profondi dei secoli si muovevano attraverso di lui come le maree.

Hlboké rytmy vekov sa ním preháňali ako príliv a odliv.

Il tempo pulsava nel suo sangue con la stessa sicurezza con cui le stagioni muovevano la terra.

Čas mu pulzoval v krvi rovnako isto, ako ročné obdobia hýbali Zemou.

Sedeva accanto al fuoco di Thornton, con il petto forte e le zanne bianche.

Sedel pri Thorntonovom ohni, so silnou hruďou a bielymi tesákmi.

La sua lunga pelliccia ondeggiava, ma dietro di lui lo osservavano gli spiriti dei cani selvatici.

Jeho dlhá srsť viala, ale za ním ho pozorovali duchovia divých psov.

Lupi mezzi e lupi veri si agitavano nel suo cuore e nei suoi sensi.

V jeho srdci a zmysloch sa prebúdzali poloviční vlci a praví vlci.

Assaggiarono la sua carne e bevvero la stessa acqua che bevve lui.

Ochutnali jeho mäso a pili tú istú vodu ako on.

Annusarono il vento insieme a lui e ascoltarono la foresta.

Vdychovali vietor vedľa neho a načúvali lesu.

Sussurravano il significato dei suoni selvaggi nell'oscurità.

Šepkali významy divokých zvukov v tme.

Modellavano il suo umore e guidavano ciascuna delle sue reazioni silenziose.

Formovali jeho nálady a usmerňovali každú z jeho tichých reakcií.

Giacevano accanto a lui mentre dormiva e diventavano parte dei suoi sogni profondi.

Ležali s ním, keď spal, a stali sa súčasťou jeho hlbokých snov.

Sognavano con lui, oltre lui, e costituivano il suo stesso spirito.

Snívali s ním, prevyšovali ho a tvorili jeho samotnú dušu.

Gli spiriti della natura selvaggia chiamavano con tanta forza che Buck si sentì attratto.

Duchovia divočiny volali tak silno, že Buck sa cítil pritiahnutý.

Ogni giorno che passava, l'umanità e le sue rivendicazioni si indebolivano nel cuore di Buck.

Ľudstvo a jeho nároky v Buckovom srdci každým dňom slabli.

Nel profondo della foresta si stava per udire un richiamo strano ed emozionante.

Hlboko v lese sa malo ozvať zvláštne a vzrušujúce volanie.

Ogni volta che sentiva la chiamata, Buck provava un impulso a cui non riusciva a resistere.

Zakaždým, keď Buck počul volanie, pocítil nutkanie, ktorému nemohol odolať.

Avrebbe voltato le spalle al fuoco e ai sentieri battuti dagli uomini.

Chcel sa odvrátiť od ohňa a odvrátiť sa od vychodených ľudských ciest.

Stava per addentrarsi nella foresta, avanzando senza sapere il perché.

Chcel sa vrhnúť do lesa, ísť vpred bez toho, aby vedel prečo.

Non mise in discussione questa attrazione, perché la chiamata era profonda e potente.

Nespochybňoval túto príťažlivosť, pretože volanie bolo hlboké a silné.

Spesso raggiungeva l'ombra verde e la terra morbida e intatta

Často dosahoval zelený tieň a mäkkú nedotknutú zem

Ma poi il forte amore per John Thornton lo riportò al fuoco.

Ale potom ho silná láska k Johnovi Thorntonovi pritiahla späť k ohňu.

Soltanto John Thornton riuscì davvero a tenere stretto il cuore selvaggio di Buck.

Iba John Thornton skutočne držal Buckovo divoké srdce vo svojom zovretí.

Per Buck il resto dell'umanità non aveva alcun valore o significato duraturo.

Zvyšok ľudstva nemal pre Bucka žiadnu trvalú hodnotu ani význam.

Gli sconosciuti potrebbero lodarlo o accarezzargli la pelliccia con mani amichevoli.

Cudzinci ho môžu chváliť alebo priateľsky hladiť jeho srsť rukami.

Buck rimase impassibile e se ne andò per eccesso di affetto.

Buck zostal nepohnutý a odišiel z priveľa náklonnosti.

Hans e Pete arrivarono con la zattera che era stata attesa a lungo

Hans a Pete dorazili s dlho očakávaným raftom.

Buck li ignorò finché non venne a sapere che erano vicini a Thornton.

Buck ich ignoroval, kým sa nedozvedel, že sú blízko Thorntona.

Da allora in poi li tollerò, ma non dimostrò mai loro tutto il suo calore.

Potom ich toleroval, ale nikdy im neprejavil plnú vrúcnosť.

Accettava da loro cibo o gentilezza come se volesse fare loro un favore.

Prijal od nich jedlo alebo láskavosť, akoby im preukázal láskavosť.

Erano come Thornton: semplici, onesti e lucidi nei pensieri.

Boli ako Thornton – jednoduchí, čestní a s jasnými myšlienkami.

Tutti insieme viaggiarono verso la segheria di Dawson e il grande vortice

Všetci spolu cestovali k Dawsonovej píle a k veľkému víru

Nel corso del loro viaggio impararono a comprendere profondamente la natura di Buck.

Počas svojej cesty sa naučili hlboko pochopiť Buckovu povahu.

Non cercarono di avvicinarsi come avevano fatto Skeet e Nig.

Nesnažili sa zblížiť ako to urobili Skeet a Nig.

Ma l'amore di Buck per John Thornton non fece che aumentare con il tempo.

Buckova láska k Johnovi Thorntonovi sa však časom len prehlbovala.

Solo Thornton poteva mettere uno zaino sulla schiena di Buck durante l'estate.

Iba Thornton dokázal v lete položiť Buckovi na chrbát batoh.

Buck era disposto a eseguire senza riserve qualsiasi ordine impartito da Thornton.

Čokoľvek Thornton prikázal, Buck bol ochotný splniť bezvýhradne.

Un giorno, dopo aver lasciato Dawson per le sorgenti del Tanana,

Jedného dňa, po tom, čo odišli z Dawsonu a zamierili k prameňom rieky Tanana,

il gruppo era seduto su una rupe che scendeva per un metro fino a raggiungere la nuda roccia.

Skupina sedela na útese, ktorý siahal asi meter k holému skalnému podložiu.

John Thornton si sedette vicino al bordo e Buck si riposò accanto a lui.

John Thornton sedel blízko okraja a Buck odpočíval vedľa neho.

Thornton ebbe un'idea improvvisa e richiamò l'attenzione degli uomini.

Thorntona zrazu napadla myšlienka a upútal pozornosť mužov.

Indicò l'altro lato del baratro e diede a Buck un unico comando.

Ukázal cez priepasť a dal Buckovi jediný rozkaz.

"Salta, Buck!" disse, allungando il braccio oltre il precipizio.

„Skoč, Buck!" povedal a vystrel ruku cez priepasť.

Un attimo dopo dovette afferrare Buck, che stava saltando per obbedire.

O chvíľu musel chytiť Bucka, ktorý sa rozbehol, aby ho poslúchol.

Hans e Pete si precipitarono in avanti e tirarono entrambi indietro per metterli in salvo.

Hans a Pete sa rozbehli dopredu a odtiahli oboch späť do bezpečia.

Dopo che tutto fu finito e che ebbero ripreso fiato, Pete prese la parola.

Keď sa všetko skončilo a oni si vydýchli, prehovoril Pete.

«È un amore straordinario», disse, scosso dalla feroce devozione del cane.

„Láska je zvláštna," povedal, otrasený psiou prudkou oddanosťou.

Thornton scosse la testa e rispose con calma e serietà.

Thornton pokrútil hlavou a odpovedal s pokojnou vážnosťou.

«No, l'amore è splendido», disse, «ma anche terribile».

„Nie, láska je skvelá," povedal, „ale aj hrozná."

"A volte, devo ammetterlo, questo tipo di amore mi fa paura."

„Niekedy musím priznať, že tento druh lásky ma bojí."

Pete annuì e disse: "Mi dispiacerebbe tanto essere l'uomo che ti tocca".

Pete prikývol a povedal: „Nerád by som bol ten muž, ktorý sa ťa dotkne."

Mentre parlava, guardava Buck con aria seria e piena di rispetto.

Pri rozprávaní sa pozrel na Bucka, vážne a plné úcty.

"Py Jingo!" esclamò Hans in fretta. "Neanch'io, no signore."

„Py Jingo!" povedal Hans rýchlo. „Ani ja, nie, pane."

Prima che finisse l'anno, i timori di Pete si avverarono a Circle City.

Pred koncom roka sa Peteove obavy v Circle City naplnili.

Un uomo crudele di nome Black Burton attaccò una rissa nel bar.

Krutý muž menom Black Burton sa v bare pobil.

Era arrabbiato e cattivo, e si scagliava contro un novellino.

Bol nahnevaný a zlomyseľný a útočil na nového štedronožca.

John Thornton intervenne, calmo e bonario come sempre.

Vstúpil John Thornton, pokojný a dobrosrdečný ako vždy.

Buck giaceva in un angolo, con la testa bassa, e osservava Thornton attentamente.

Buck ležal v kúte so sklonenou hlavou a pozorne sledoval Thorntona.

Burton colpì all'improvviso e il suo pugno fece girare Thornton.

Burton náhle udrel a jeho päsťou sa Thornton zatočil.

Solo la ringhiera della sbarra gli impedì di cadere violentemente a terra.

Iba zábradlie hrazdy ho zabránilo tvrdo spadnúť na zem.

Gli osservatori hanno sentito un suono che non era un abbaio o un guaito

Pozorovatelia počuli zvuk, ktorý nebol štekanie ani kňučanie

Buck emise un profondo ruggito mentre si lanciava verso l'uomo.

Buck sa ozval hlboký rev, keď sa vrhol k mužovi.

Burton alzò il braccio e per poco non si salvò la vita.

Burton zdvihol ruku a ledva si zachránil život.

Buck si schiantò contro di lui, facendolo cadere a terra.

Buck doňho narazil a zrazil ho na zem.

Buck gli diede un morso profondo al braccio, poi si lanciò alla gola.

Buck sa hlboko zahryzol do mužovej ruky a potom sa vrhol na hrdlo.

Burton riuscì a parare solo in parte e il suo collo fu squarciato.

Burton dokázal blokovať len čiastočne a mal roztrhnutý krk.

Gli uomini si precipitarono dentro, brandendo i manganelli e allontanarono Buck dall'uomo sanguinante.

Muži vtrhli dnu so zdvihnutými obuškami a odohnali Bucka od krvácajúceho muža.

Un chirurgo ha lavorato rapidamente per impedire che il sangue fuoriuscisse.

Chirurg rýchlo zastavil vytekanie krvi.

Buck camminava avanti e indietro ringhiando, tentando di attaccare ancora e ancora.

Buck prechádzal sem a tam a vrčal a pokúšal sa zaútočiť znova a znova.

Soltanto i bastoni oscillanti gli impedirono di raggiungere Burton.

Iba rozhodujúce sa palice mu zabránili dostať sa k Burtonovi.

Proprio lì, sul posto, venne convocata una riunione dei minatori.

Bola zvolaná a na mieste sa konala banícka porada.

Concordarono sul fatto che Buck era stato provocato e votarono per liberarlo.

Zhodli sa, že Buck bol vyprovokovaný a hlasovali za jeho prepustenie.

Ma il nome feroce di Buck risuonava ormai in ogni accampamento dell'Alaska.

Ale Buckovo divoké meno sa teraz ozývalo v každom tábore na Aljaške.

Più tardi, quello stesso autunno, Buck salvò Thornton di nuovo in un modo nuovo.

Neskôr na jeseň Buck opäť zachránil Thorntona novým spôsobom.

I tre uomini stavano guidando una lunga barca lungo delle rapide impetuose.

Traja muži viedli dlhý čln po rozbúrených perejách.

Thornton manovrava la barca, gridando indicazioni per raggiungere la riva.

Thornton riadil čln a volal pokyny k pobrežiu.

Hans e Pete correvano sulla terraferma, tenendo una corda da un albero all'altro.

Hans a Pete bežali po súši a držali lano pretiahnuté od stromu k stromu.

Buck procedeva a passo d'uomo sulla riva, tenendo sempre d'occhio il suo padrone.

Buck držal krok na brehu a stále sledoval svojho pána.

In un punto pericoloso, delle rocce sporgevano dall'acqua veloce.

Na jednom nepríjemnom mieste vytŕčali skaly pod rýchlou vodou.

Hans lasciò andare la cima e Thornton tirò la barca verso la larghezza.

Hans pustil lano a Thornton otočil loď do strany.

Hans corse a percorrerla di nuovo, superando le pericolose rocce.

Hans šprintoval, aby znova dobehol loď popri nebezpečných skalách.

La barca superò la sporgenza ma trovò una corrente più forte.

Loď síce prešla cez rímsu, ale narazila do silnejšej časti prúdu.

Hans afferrò la cima troppo velocemente e fece perdere l'equilibrio alla barca.

Hans príliš rýchlo chytil lano a vyviedol loď z rovnováhy.

La barca si capovolse e sbatté contro la riva, con la parte inferiore rivolta verso l'alto.

Loď sa prevrátila a narazila do brehu, dnom nahor.

Thornton venne scaraventato fuori e trascinato nella parte più selvaggia dell'acqua.

Thorntona vymrštilo a strhlo do najdivokejšej časti vody.

Nessun nuotatore sarebbe sopravvissuto in quelle acque pericolose e pericolose.

Žiaden plavec by v tých smrteľne rýchlych vodách neprežil.

Buck si lanciò all'istante e inseguì il suo padrone lungo il fiume.

Buck okamžite skočil a prenasledoval svojho pána dolu riekou.

Dopo trecento metri finalmente raggiunse Thornton.

Po tristo yardoch konečne dorazil do Thorntonu.

Thornton afferrò la coda di Buck, e Buck si diresse verso la riva.

Thornton chytil Bucka za chvost a Buck sa otočil k brehu.

Nuotò con tutte le sue forze, lottando contro la forte resistenza dell'acqua.

Plával z plnej sily a bojoval s divokým odporom vody.

Si spostarono verso valle più velocemente di quanto riuscissero a raggiungere la riva.

Pohybovali sa po prúde rýchlejšie, ako sa stihli dostať k brehu.

Più avanti, il fiume ruggiva più forte, precipitando in rapide mortali.

Pred nimi rieka hučala hlasnejšie, keď sa rútila do smrteľných perejí.

Le rocce fendevano l'acqua come i denti di un enorme pettine.

Skaly prerezávali vodu ako zuby obrovského hrebeňa.

La forza di attrazione dell'acqua nei pressi del dislivello era selvaggia e ineluttabile.

Príťažlivosť vody blízko priepasti bola prudká a neodolateľná.

Thornton sapeva che non sarebbero mai riusciti a raggiungere la riva in tempo.

Thornton vedel, že sa im nikdy nepodarí dostať na breh včas.

Raschiò una roccia, ne sbatté una seconda,

Škriabal o jeden kameň, narazil o druhý,

Poi si schiantò contro una terza roccia, afferrandola con entrambe le mani.

A potom narazil do tretej skaly a chytil sa jej oboma rukami.

Lasciò andare Buck e urlò sopra il ruggito: "Vai, Buck! Vai!"

Pustil Bucka a zakričal cez rev: „Do toho, Buck! Do toho!"

Buck non riuscì a restare a galla e fu trascinato dalla corrente.

Buck sa nedokázal udržať na hladine a strhol ho prúd.

Lottò con tutte le sue forze, cercando di girarsi, ma non fece alcun progresso.

Tvrdo bojoval, snažil sa otočiť, ale vôbec sa nepohol.

Poi sentì Thornton ripetere il comando sopra il fragore del fiume.

Potom počul Thorntona opakovať rozkaz cez hukot rieky.

Buck si impennò fuori dall'acqua e sollevò la testa come per dare un'ultima occhiata.

Buck sa vynoril z vody a zdvihol hlavu, akoby sa naňho chcel naposledy pozrieť.

poi si voltò e obbedì, nuotando verso la riva con risolutezza.

potom sa otočil, poslúchol a odhodlane plával k brehu.

Pete e Hans lo tirarono a riva all'ultimo momento possibile.

Pete a Hans ho vytiahli na breh v poslednej možnej chvíli.

Sapevano che Thornton avrebbe potuto aggrapparsi alla roccia solo per pochi minuti.

Vedeli, že Thornton sa skaly vydrží držať už len pár minút.

Corsero su per la riva fino a un punto molto più in alto rispetto al punto in cui lui era appeso.

Vybehli hore brehom k miestu vysoko nad miestom, kde visel.

Legarono con cura la cima della barca al collo e alle spalle di Buck.

Opatrne priviazali Buckovi lano z lode k krku a pleciam.

La corda era stretta ma abbastanza larga da permettere di respirare e muoversi.

Lano bolo priliehavé, ale dostatočne voľné na dýchanie a pohyb.

Poi lo gettarono di nuovo nel fiume impetuoso e mortale.

Potom ho znova spustili do zurčiaceho, smrtiacej rieky.

Buck nuotò coraggiosamente ma non riuscì a prendere l'angolazione giusta per affrontare la forza della corrente.

Buck smelo plával, ale minul svoj uhol v sile prúdu.

Si accorse troppo tardi che stava per superare Thornton.

Príliš neskoro si uvedomil, že Thorntona minie.

Hans tirò forte la corda, come se Buck fosse una barca che si capovolge.

Hans trhol lanom, akoby Buck bol prevrátená loď.

La corrente lo trascinò sott'acqua e lui scomparve sotto la superficie.

Prúd ho stiahol pod hladinu a on zmizol.

Il suo corpo colpì la riva prima che Hans e Pete lo tirassero fuori.

Jeho telo narazilo do brehu skôr, ako ho Hans a Pete vytiahli von.

Era mezzo annegato e gli tolsero l'acqua dal corpo.

Bol napoly utopený a vytĺkli z neho vodu.

Buck si alzò, barcollò e crollò di nuovo a terra.

Buck sa postavil, zatackal sa a znova sa zrútil na zem.

Poi udirono la voce di Thornton portata debolmente dal vento.

Potom začuli Thorntonov hlas slabo unášaný vetrom.

Sebbene le parole non fossero chiare, sapevano che era vicino alla morte.

Hoci slová boli nejasné, vedeli, že je blízko smrti.

Il suono della voce di Thornton colpì Buck come una scossa elettrica.

Zvuk Thorntonovho hlasu zasiahol Bucka ako elektrický šok.

Saltò in piedi e corse su per la riva, tornando al punto di partenza.

Vyskočil a rozbehol sa hore brehom, späť k miestu štartu.

Legarono di nuovo la corda a Buck, e di nuovo lui entrò nel fiume.

Znova priviazali Bucka lano a on opäť vošiel do potoka.

Questa volta nuotò direttamente e con decisione nell'acqua impetuosa.

Tentoraz plával priamo a pevne do prúdiacej vody.

Hans lasciò scorrere la corda con regolarità, mentre Pete impediva che si aggrovigliasse.

Hans pomaly púšťal lano, zatiaľ čo Pete ho bránil zamotať sa.

Buck nuotò con forza finché non si trovò allineato appena sopra Thornton.

Buck prudko plával, až kým sa nedostal tesne nad Thorntona.

Poi si voltò e si lanciò verso di lui come un treno a tutta velocità.

Potom sa otočil a rútil sa dole ako vlak v plnej rýchlosti.

Thornton lo vide arrivare, si preparò e gli abbracciò il collo.

Thornton ho uvidel prichádzať, pripravil sa a objal ho okolo krku.

Hans legò saldamente la corda attorno a un albero mentre entrambi venivano tirati sott'acqua.

Hans pevne uviazal lano okolo stromu, keď ich obaja stiahli pod seba.

Caddero sott'acqua, schiantandosi contro rocce e detriti del fiume.

Prevracali sa pod vodou a narážali do skál a riečnych trosiek.

Un attimo prima Buck era in cima e un attimo dopo Thornton si alzava ansimando.

V jednej chvíli bol Buck navrchu, v ďalšej Thornton vstal a zalapal po dychu.

Malconci e soffocati, si diressero verso la riva e si misero in salvo.

Zbití a dusiaci sa, otočili sa k brehu a do bezpečia.

Thornton riprese conoscenza mentre era sdraiato su un tronco alla deriva.

Thornton sa prebral k vedomiu, ležal na naplavenom kmeni.

Hans e Pete lavorarono duramente per riportarlo a respirare e a vivere.

Hans a Pete tvrdo pracovali, aby mu prinavrátili dych a život.

Il suo primo pensiero fu per Buck, che giaceva immobile e inerte.

Jeho prvá myšlienka patrila Buckovi, ktorý ležal nehybne a bezvládne.

Nig ululò sul corpo di Buck e Skeet gli leccò delicatamente il viso.

Nig zavýjal nad Buckovým telom a Skeet mu jemne olízal tvár.

Thornton, dolorante e contuso, esaminò Buck con mano attenta.

Thornton, boľavý a domodraný, si Bucka starostlivo prezrel rukami.

Ha trovato tre costole rotte, ma il cane non presentava ferite mortali.

Našiel u psa zlomené tri rebrá, ale žiadne smrteľné zranenia.

"Questo è tutto", disse Thornton. "Ci accamperemo qui". E così fecero.

„Tým je to vybavené," povedal Thornton. „Tu utáboríme." A tak aj urobili.

Rimasero lì finché le costole di Buck non guarirono e lui poté di nuovo camminare.

Zostali tam, kým sa Buckovi nezahojili rebrá a on opäť nemohol chodiť.

Quell'inverno Buck compì un'impresa che accrebbe ulteriormente la sua fama.

Tú zimu Buck predviedol čin, ktorý ešte viac zvýšil jeho slávu.

Fu un gesto meno eroico del salvataggio di Thornton, ma altrettanto impressionante.

Bolo to menej hrdinské ako záchrana Thorntona, ale rovnako pôsobivé.

A Dawson, i soci avevano bisogno di provviste per un viaggio lontano.

V Dawsone potrebovali partneri zásoby na ďalekú cestu.

Volevano viaggiare verso est, in terre selvagge e incontaminate.

Chceli cestovať na východ, do nedotknutej divočiny.

Quel viaggio fu possibile grazie all'impresa compiuta da Buck nell'Eldorado Saloon.

Buckov čin v salóne Eldorado umožnil túto cestu.

Tutto cominciò con degli uomini che si vantavano dei loro cani bevendo qualcosa.

Začalo to tým, že sa muži pri drinkoch chválili svojimi psami.

La fama di Buck lo rese bersaglio di sfide e dubbi.

Buckova sláva z neho urobila terč výziev a pochybností.

Thornton, fiero e calmo, rimase fermo nel difendere il nome di Buck.

Thornton, hrdý a pokojný, pevne stál pri obrane Buckovho mena.

Un uomo ha affermato che il suo cane riusciva a trainare facilmente duecentocinquanta chili.

Jeden muž povedal, že jeho pes dokáže s ľahkosťou utiahnuť 250 kilogramov.

Un altro disse seicento, e un terzo si vantò di settecento.

Ďalší povedal šesťsto a tretí sa chválil sedemsto.

"Pfft!" disse John Thornton, "Buck può trainare una slitta da mille libbre."

„Pfft!" povedal John Thornton, „Buck dokáže ťahať tisíckilogramové sane."

Matthewson, un Bonanza King, si sporse in avanti e lo sfidò.

Matthewson, Kráľ Bonanzy, sa naklonil dopredu a vyzval ho.

"Pensi che possa spostare tutto quel peso?"

„Myslíš si, že dokáže uviesť do pohybu toľko váhy?"

"E pensi che riesca a sollevare il peso per cento metri?"

„A myslíš si, že tú váhu dokáže utiahnuť celých sto metrov?"

Thornton rispose freddamente: "Sì. Buck è abbastanza cane da farlo."

Thornton chladne odpovedal: „Áno. Buck je dosť dobrý pes na to, aby to urobil."

"Metterà in moto mille libbre e la tirerà per cento metri."

„Uvedie do pohybu tisíc libier a potiahne to sto metrov."

Matthewson sorrise lentamente e si assicurò che tutti gli uomini udissero le sue parole.

Matthewson sa pomaly usmial a uistil sa, že všetci muži počuli jeho slová.

"Ho mille dollari che dicono che non può. Eccoli."

„Mám tisíc dolárov, ktoré hovoria, že nemôže. Tak to je."

Sbatté sul bancone un sacco di polvere d'oro grande quanto una salsiccia.

Tresol o bar vreckom zlatého prachu veľkosti klobásy.

Nessuno disse una parola. Il silenzio si fece pesante e teso intorno a loro.

Nikto nepovedal ani slovo. Ticho okolo nich ťažilo a napínalo sa.

Il bluff di Thornton, se mai lo fu, era stato preso sul serio.

Thorntonov blaf – ak to vôbec bol blaf – bol zobraný vážne.

Sentì il calore salirgli al viso mentre il sangue gli affluiva alle guance.

Cítil, ako mu do tváre stúpa horúčava, ako sa mu do líc nahrnula krv.

In quel momento la sua lingua aveva preceduto la ragione.

V tej chvíli jeho jazyk predbehol rozum.

Non sapeva davvero se Buck sarebbe riuscito a spostare mille libbre.

Naozaj nevedel, či Buck dokáže pohnúť tisíckou libier.

Mezza tonnellata! Solo la sua mole gli faceva sentire il cuore pesante.

Pol tony! Už len samotná jeho veľkosť mu spôsobovala ťažkosti pri srdci.

Aveva fiducia nella forza di Buck e lo riteneva capace.

Veril v Buckovu silu a myslel si, že je schopný.

Ma non aveva mai affrontato una sfida di questo tipo, non in questo modo.

Ale nikdy nečelil takémuto druhu výzvy, nie takto.

Una dozzina di uomini lo osservavano in silenzio, in attesa di vedere cosa avrebbe fatto.

Tucet mužov ho ticho sledovalo a čakalo, čo urobí.

Lui non aveva i soldi, e nemmeno Hans e Pete.

Nemal peniaze – ani Hans, ani Pete.

"Ho una slitta fuori", disse Matthewson in modo freddo e diretto.

„Mám vonku sane," povedal Matthewson chladne a priamo.

"È carico di venti sacchi, da cinquanta libbre ciascuno, tutti di farina.

„Je naložené dvadsiatimi vrecami, každé po päťdesiat libier, samá múka."

Quindi non lasciare che la scomparsa della slitta diventi la tua scusa", ha aggiunto.

„Takže teraz nenechajte stratené sane byť vašou výhovorkou," dodal.

Thornton rimase in silenzio. Non sapeva che parole dire.

Thornton mlčal. Nevedel, aké slová má povedať.

Guardò i volti intorno a sé senza vederli chiaramente.

Rozhliadol sa po tvárach, no jasne ich nevidel.

Sembrava un uomo immerso nei suoi pensieri, che cercava di ripartire.

Vyzeral ako muž zamrznutý v myšlienkach, ktorý sa snaží reštartovať.

Poi incontrò Jim O'Brien, un amico dei tempi dei Mastodon.

Potom uvidel Jima O'Briena, priateľa z čias Mastodontov.

Quel volto familiare gli diede un coraggio che non sapeva di avere.

Tá známa tvár mu dodala odvahu, o ktorej nevedel, že ju má.

Si voltò e chiese a bassa voce: "Puoi prestarmi mille dollari?"

Otočil sa a potichu sa spýtal: „Môžeš mi požičať tisíc?"

"Certo", disse O'Brien, lasciando cadere un pesante sacco vicino all'oro.

„Jasné," povedal O'Brien a už pri zlate pustil ťažké vrece.

"Ma sinceramente, John, non credo che la bestia possa fare questo."

„Ale úprimne povedané, John, neverím, že by to tá beštia dokázala."

Tutti quelli presenti all'Eldorado Saloon si precipitarono fuori per assistere all'evento.

Všetci v salóne Eldorado sa vyrútili von, aby sa pozreli na túto udalosť.

Lasciarono tavoli e bevande e perfino le partite furono sospese.

Opustili stoly a nápoje a dokonca aj hry boli pozastavené.

Croupier e giocatori accorsero per assistere alla conclusione di questa audace scommessa.

Krupiéri a hazardní hráči prišli, aby boli svedkami konca odvážnej stávky.

Centinaia di persone si radunarono attorno alla slitta sulla strada ghiacciata.

Stovky ľudí sa zhromaždili okolo saní na zľadovatenej otvorenej ulici.

La slitta di Matthewson era carica di un carico completo di sacchi di farina.

Matthewsonove sane stáli plné vriec múky.

La slitta era rimasta ferma per ore a temperature sotto lo zero.

Sane stáli celé hodiny pri mínusových teplotách.

I pattini della slitta erano congelati e incollati alla neve compatta.

Bežce saní boli pevne primrznuté k udupanému snehu.

Gli uomini scommettevano due a uno che Buck non sarebbe riuscito a spostare la slitta.

Muži stavili dva ku jednej, že Buck nedokáže pohnúť so saňami.

Scoppiò una disputa su cosa significasse realmente "break out".

Vypukol spor o to, čo vlastne znamená slovo „vypuknúť".

O'Brien ha affermato che Thornton dovrebbe allentare la base ghiacciata della slitta.

O'Brien povedal, že Thornton by mal uvoľniť zamrznutú základňu saní.

Buck potrebbe quindi "rompere" una partenza solida e immobile.

Buck sa potom mohol „prelomiť" z pevného, nehybného štartu.

Matthewson sosteneva che anche il cane doveva liberare i corridori.

Matthewson argumentoval, že pes musí tiež oslobodiť bežcov.

Gli uomini che avevano sentito la scommessa concordavano con Matthewson.

Muži, ktorí stávku počuli, súhlasili s Matthewsonovým názorom.

Con questa sentenza, le probabilità contro Buck salirono a tre a uno.

S týmto rozhodnutím sa kurz zvýšil na tri ku jednej proti Buckovi.

Nessuno si fece avanti per accettare le crescenti quote di tre a uno.

Nikto sa nepohol dopredu, aby využil rastúci kurz tri ku jednej.

Nessuno credeva che Buck potesse compiere la grande impresa.

Ani jeden muž neveril, že Buck dokáže tento veľký čin.

Thornton era stato spinto a scommettere, pieno di dubbi.

Thorntona do stávky narýchlo vtiahli, premohol ho množstvo pochybností.

Ora guardava la slitta e la muta di dieci cani accanto ad essa.

Teraz sa pozrel na sane a desaťpsí záprah vedľa nich.

Vedere la realtà del compito lo faceva sembrare ancora più impossibile.

Keď som videl realitu úlohy, zdala sa mi ešte nemožnejšia.

In quel momento Matthewson era pieno di orgoglio e sicurezza.

Matthewson bol v tej chvíli plný hrdosti a sebavedomia.

"Tre a uno!" urlò. "Ne scommetto altri mille, Thornton!"

„Tri ku jednej!" zakričal. „Stavím ďalších tisíc, Thornton!"

"Cosa dici?" aggiunse, abbastanza forte da farsi sentire da tutti.

„Čo na to hovoríš?" dodal dostatočne hlasno, aby ho všetci počuli.

Il volto di Thornton esprimeva i suoi dubbi, ma il suo spirito era sollevato.

Thorntonova tvár prezrádzala pochybnosti, ale jeho duch sa povzniesol.

Quello spirito combattivo ignorava le avversità e non temeva nulla.

Ten bojový duch ignoroval prekážky a nebál sa vôbec ničoho.

Chiamò Hans e Pete perché portassero tutti i loro soldi al tavolo.

Zavolal Hansa a Peta, aby priniesli všetky svoje peniaze.

Non gli era rimasto molto altro: solo duecento dollari in tutto.

Zostalo im málo – spolu len dvesto dolárov.

Questa piccola somma costituiva la loro intera fortuna nei momenti difficili.

Táto malá suma predstavovala ich celkový majetok v ťažkých časoch.

Ciononostante puntarono tutta la loro fortuna contro la scommessa di Matthewson.

Napriek tomu vsadili všetok svoj majetok na Matthewsonovu stávku.

La muta composta da dieci cani venne sganciata e allontanata dalla slitta.

Desaťpsí záprah bol odpriahnutý a pohol sa od saní.

Buck venne messo alle redini, indossando la sua consueta imbracatura.

Bucka posadili do opraty a obliekli si jeho známy postroj.

Aveva colto l'energia della folla e ne aveva percepito la tensione.

Zachytil energiu davu a cítil napätie.

In qualche modo sapeva che doveva fare qualcosa per John Thornton.

Nejako vedel, že pre Johna Thorntona musí niečo urobiť.

La gente mormorava ammirata di fronte alla figura fiera del cane.

Ľudia s obdivom šepkali nad hrdou postavou psa.

Era magro e forte, senza un solo grammo di carne in più.

Bol štíhly a silný, bez jediného kúska mäsa navyše.

Il suo peso di centocinquanta chili era sinonimo di potenza e resistenza.

Jeho celková váha stopäťdesiat libier bola samá sila a vytrvalosť.

Il mantello di Buck brillava come la seta, denso di salute e forza.

Buckov kabát sa leskol ako hodváb, hustý zdravím a silou.

La pelliccia sul collo e sulle spalle sembrava sollevarsi e drizzarsi.

Srsť pozdĺž krku a ramien sa mu akoby zježila a naježila.

La sua criniera si muoveva leggermente, ogni capello era animato dalla sua grande energia.

Jeho hriva sa mierne pohla, každý vlas ožil jeho obrovskou energiou.

Il suo petto ampio e le sue gambe forti si sposavano bene con la sua corporatura pesante e robusta.

Jeho široký hrudník a silné nohy ladili s jeho mohutnou, tvrdou postavou.

I muscoli si tesero sotto il cappotto, tesi e sodi come ferro legato.

Svaly sa mu pod kabátom vlnili, napäté a pevné ako spoutané železo.

Gli uomini lo toccavano e giuravano che era fatto come una macchina d'acciaio.

Muži sa ho dotýkali a prisahali, že je stavaný ako oceľový stroj.

Le probabilità contro il grande cane sono scese leggermente a due a uno.

Kurz mierne klesol na dva ku jednej proti skvelému psovi.

Un uomo dei banchi di Skookum si fece avanti balbettando.

Muž zo Skookumových lavičiek sa koktavým krokom predtiahol dopredu.

"Bene, signore! Offro ottocento per lui... prima della prova, signore!"

„Dobre, pane! Ponúkam za neho osemsto – pred skúškou, pane!"

"Ottocento, così com'è adesso!" insistette l'uomo.

„Osemsto, ako teraz stojí!" trval na svojom muž.

Thornton fece un passo avanti, sorrise e scosse la testa con calma.

Thornton vystúpil dopredu, usmial sa a pokojne pokrútil hlavou.

Matthewson intervenne rapidamente con tono ammonitore e aggrottando la fronte.

Matthewson rýchlo zasiahol varovným hlasom a zamračil sa.

"Devi allontanarti da lui", disse. "Dagli spazio."

„Musíš od neho odstúpiť," povedal. „Daj mu priestor."

La folla tacque; solo i giocatori continuavano a offrire due a uno.

Dav stíchol; iba hazardní hráči stále kládli stávky dva ku jednému.

Tutti ammiravano la corporatura di Buck, ma il carico sembrava troppo pesante.

Všetci obdivovali Buckovu postavu, ale náklad vyzeral príliš veľký.

Venti sacchi di farina, ciascuno del peso di cinquanta libbre, sembravano decisamente troppi.

Dvadsať vriec múky – každé s hmotnosťou päťdesiat libier – sa zdalo priveľa.

Nessuno era disposto ad aprire la borsa e a rischiare i propri soldi.

Nikto nebol ochotný otvoriť si mešec a riskovať svoje peniaze.

Thornton si inginocchiò accanto a Buck e gli prese la testa tra entrambe le mani.

Thornton si kľakol vedľa Bucka a chytil mu hlavu do oboch dlaní.

Premette la guancia contro quella di Buck e gli parlò all'orecchio.

Pritlačil líce k Buckovmu a povedal mu do ucha.

Non c'erano più né scossoni giocosi né insulti affettuosi sussurrati.

Teraz sa neozvali žiadne hravé trasenie ani šepkané láskyplné urážky.

Mormorò solo dolcemente: "Quanto mi ami, Buck."

Len potichu zamrmlal: „Rovnako ako ma miluješ, Buck."

Buck emise un gemito sommesso, trattenendo a stento la sua impazienza.

Buck ticho zakňučal, ledva potlačiac svoju nedočkavosť.

Gli astanti osservavano con curiosità la tensione che aleggiava nell'aria.

Prizerajúci sa so zvedavosťou sledovali, ako sa vzduchom šíri napätie.

Quel momento sembrava quasi irreale, qualcosa che trascendeva la ragione.

Ten okamih sa zdal takmer neskutočný, ako niečo nadprirodzené.

Quando Thornton si alzò, Buck gli prese delicatamente la mano tra le fauci.

Keď Thornton vstal, Buck mu jemne vzal ruku do čeľuste.

Premette con i denti, poi lasciò andare lentamente e delicatamente.

Zatlačil zubami a potom pomaly a jemne pustil.

Fu una risposta silenziosa d'amore, non detta, ma compresa.

Bola to tichá odpoveď lásky, nevyslovená, ale pochopená.

Thornton si allontanò di molto dal cane e diede il segnale.

Thornton ustúpil ďaleko od psa a dal znamenie.

"Ora, Buck", disse, e Buck rispose con calma concentrata.

„No tak, Buck," povedal a Buck odpovedal so sústredeným pokojom.

Buck tese le corde, poi le allentò di qualche centimetro.

Buck najprv utiahol šnúry a potom ich o pár centimetrov povoľil.

Questo era il metodo che aveva imparato; il suo modo per rompere la slitta.

Toto bola metóda, ktorú sa naučil; jeho spôsob, ako rozbiť sane.

"Caspita!" urlò Thornton, con voce acuta nel silenzio pesante.

„Páni!" zakričal Thornton ostrým hlasom v ťažkom tichu.

Buck si girò verso destra e si lanciò con tutto il suo peso.

Buck sa otočil doprava a vrhol sa celou svojou váhou.

Il gioco svanì e tutta la massa di Buck colpì le timonerie strette.

Vôľa zmizla a Buckova celá hmotnosť dopadla na úzke koľajnice.

La slitta tremò e i pattini produssero un suono secco e scoppiettante.

Sane sa triasli a klzáky vydali ostrý praskavý zvuk.

"Haw!" ordinò Thornton, cambiando di nuovo direzione a Buck.

„Hau!" prikázal Thornton a opäť zmenil Buckov smer.

Buck ripeté la mossa, questa volta tirando bruscamente verso sinistra.

Buck zopakoval pohyb, tentoraz prudko potiahol doľava.

La slitta scricchiolava più forte, i pattini schioccavano e si spostavano.

Sane praskali hlasnejšie, klzáky cvakali a posúvali sa.

Il pesante carico scivolò leggermente di lato sulla neve ghiacciata.

Ťažký náklad sa mierne kĺzal do strany po zamrznutom snehu.

La slitta si era liberata dalla presa del sentiero ghiacciato!

Sane sa vytrhli zo zovretia zľadovatenej cesty!

Gli uomini trattennero il respiro, inconsapevoli di non stare nemmeno respirando.

Muži zadržiavali dych, neuvedomujúc si, že ani nedýchajú.

"Ora, TIRA!" gridò Thornton nel silenzio glaciale.

„Teraz ŤAHAJ!" zakričal Thornton cez zamrznuté ticho.

Il comando di Thornton risuonò netto, come lo schiocco di una frusta.

Thorntonov rozkaz zaznel ostro, ako prasknutie biča.

Buck si lanciò in avanti con un affondo violento e violento.

Buck sa prudkým a prudkým výpadom vrhol dopredu.

Tutto il suo corpo si irrigidì e si contrasse sotto l'enorme sforzo.

Celé jeho telo sa naplo a sploštilo pri obrovskom tlaku.

I muscoli si muovevano sotto la pelliccia come serpenti che prendevano vita.

Svaly sa mu pod srsťou vlnili ako ožívajúce hady.

Il suo grande petto era basso e la testa era protesa in avanti verso la slitta.

Jeho mohutná hruď bola nízka, hlava natiahnutá dopredu k saniam.

Le sue zampe si muovevano come fulmini e gli artigli fendevano il terreno ghiacciato.

Jeho laby sa pohybovali ako blesk, pazúry prerezávali zamrznutú zem.

I solchi erano profondi mentre lottava per ogni centimetro di trazione.

Drážky sa mu vyrezávali hlboko, keď bojoval o každý centimeter trakcie.

La slitta ondeggiò, tremò e cominciò a muoversi lentamente e in modo inquieto.

Sane sa hojdali, triasli a začali sa pomaly, nepokojne pohybovať.

Un piede scivolò e un uomo tra la folla gemette ad alta voce.

Jedna noha sa mu pošmykla a muž v dave hlasno zastonal.

Poi la slitta si lanciò in avanti con un movimento brusco e a scatti.

Potom sa sane trhavým, drsným pohybom vyrazili dopredu.

Non si fermò più: mezzo pollice...un pollice...cinque pollici in più.

Znovu sa to nezastavilo – o pol palca... o palec... o dva palce viac.

Gli scossoni si fecero più lievi man mano che la slitta cominciava ad acquistare velocità.

Trhnutia sa zmenšovali, keď sane začali zrýchľovať.

Presto Buck cominciò a tirare con una potenza fluida e uniforme.

Buck čoskoro ťahal s hladkou, rovnomernou a valivou silou.

Gli uomini sussultarono e finalmente si ricordarono di respirare di nuovo.

Muži zalapali po dychu a nakoniec si spomenuli, že musia znova dýchať.

Non si erano accorti che il loro respiro si era fermato per lo stupore.

Nevšimli si, že sa im od úžasu zastavil dych.

Thornton gli corse dietro, gridando comandi brevi e allegri.

Thornton bežal za ním a vykrikoval krátke, veselé povely.

Davanti a noi c'era una catasta di legna da ardere che segnava la distanza.

Pred nami bola kopa palivového dreva, ktorá označovala vzdialenosť.

Mentre Buck si avvicinava al mucchio, gli applausi diventavano sempre più forti.

Ako sa Buck blížil k hromade, jasot bol čoraz hlasnejší.

Gli applausi crebbero fino a diventare un boato quando Buck superò il traguardo.

Keď Buck prešiel cieľovou stanicou, jasot sa premenil na rev.

Gli uomini saltarono e gridarono, perfino Matthewson sorrise.

Muži skákali a kričali, dokonca aj Matthewson sa uškrnul.

I cappelli volavano in aria e i guanti venivano lanciati senza pensarci o mirare.

Klobúky lietali do vzduchu, palčiaky boli hádzané bez rozmyslu a cieľa.

Gli uomini si afferrarono e si strinsero la mano senza sapere chi.

Muži sa chytili a podali si ruky bez toho, aby vedeli komu.

Tutta la folla era in delirio, in un tripudio di gioia e di entusiasmo.

Celý dav bzučal v divokej, radostnej oslave.

Thornton cadde in ginocchio accanto a Buck con le mani tremanti.

Thornton s trasúcimi sa rukami kľakol vedľa Bucka.

Premette la testa contro quella di Buck e lo scosse delicatamente avanti e indietro.

Pritlačil hlavu k Buckovej a jemne ňou potriasol sem a tam.

Chi si avvicinava lo sentiva maledire il cane con amore silenzioso.

Tí, ktorí sa priblížili, ho počuli, ako s tichou láskou preklínal psa.

Imprecò a lungo contro Buck, con dolcezza, calore, emozione.

Dlho nadával Buckovi – jemne, vrúcne, s dojatím.

"Bene, signore! Bene, signore!" esclamò di corsa il re della panchina di Skookum.

„Výborne, pane! Výborne, pane!" zvolal kráľ Skookumovej lavičky v návale.

"Le darò mille, anzi milleduecento, per quel cane, signore!"

„Dám vám tisíc – nie, dvesto dvanásť – za toho psa, pane!"

Thornton si alzò lentamente in piedi, con gli occhi brillanti di emozione.

Thornton sa pomaly postavil na nohy, oči mu žiarili emóciami.

Le lacrime gli rigavano le guance senza alcuna vergogna.

Slzy mu tiekli prúdom po lícach bez akéhokoľvek hanby.

"Signore", disse al re della panchina di Skookum, con fermezza e fermezza

„Pane," povedal kráľovi lavičky Skookum pokojne a pevne

"No, signore. Può andare all'inferno, signore. Questa è la mia risposta definitiva."

„Nie, pane. Môžete ísť do pekla, pane. To je moja konečná odpoveď."

Buck afferrò delicatamente la mano di Thornton tra le sue forti mascelle.

Buck jemne chytil Thorntonovu ruku do svojich silných čeľustí.

Thornton lo scosse scherzosamente; il loro legame era più profondo che mai.

Thornton ním hravo potriasol, ich puto bolo hlboké ako vždy.

La folla, commossa dal momento, fece un passo indietro in silenzio.

Dav, dojatý okamihom, mlčky cúvol.

Da quel momento in poi nessuno osò più interrompere un affetto così sacro.

Odvtedy sa nikto neodvážil prerušiť túto posvätnú náklonnosť.

Il suono della chiamata
Zvuk volania

Buck aveva guadagnato milleseicento dollari in cinque minuti.

Buck zarobil tisícšesťsto dolárov za päť minút.

Il denaro permise a John Thornton di saldare alcuni dei suoi debiti.

Tieto peniaze umožnili Johnovi Thorntonovi splatiť časť jeho dlhov.

Con il resto del denaro si diresse verso est insieme ai suoi soci.

So zvyškom peňazí sa so svojimi partnermi vydal na východ.

Cercarono una leggendaria miniera perduta, antica quanto il paese stesso.

Hľadali legendárnu stratenú baňu, starú ako samotná krajina.

Molti uomini avevano cercato la miniera, ma pochi l'avevano trovata.

Mnoho mužov hľadalo baňu, ale len málo z nich ju našlo.

Molti uomini erano scomparsi durante la pericolosa ricerca.

Počas nebezpečnej výpravy zmizlo viac ako niekoľko mužov.

Questa miniera perduta era avvolta nel mistero e nella vecchia tragedia.

Táto stratená baňa bola zahalená tajomstvom aj starou tragédiou.

Nessuno sapeva chi fosse stato il primo uomo a scoprire la miniera.

Nikto nevedel, kto bol prvým mužom, ktorý objavil baňu.

Le storie più antiche non menzionano nessuno per nome.

Najstaršie príbehy nespomínajú nikoho menom.

Lì c'era sempre stata una vecchia capanna fatiscente.

Vždy tam stála stará schátraná chatrč.

I moribondi avevano giurato che vicino a quella vecchia capanna ci fosse una miniera.

Umierajúci muži prisahali, že vedľa tej starej chatrče je baňa.

Hanno dimostrato le loro storie con un oro che non ha eguali altrove.

Svoje príbehy dokázali zlatom, aké sa inde nenašlo.

Nessuna anima viva aveva mai saccheggiato il tesoro da quel luogo.

Žiadna živá duša nikdy neukradla poklad z toho miesta.

I morti erano morti e i morti non raccontano storie.

Mŕtvi boli mŕtvi a mŕtvi muži nerozprávajú žiadne príbehy.

Così Thornton e i suoi amici si diressero verso Est.

Thornton a jeho priatelia sa teda vydali na východ.

Si unirono a noi Pete e Hans, portando con sé Buck e sei cani robusti.

Pete a Hans sa pridali a priviedli Bucka a šesť silných psov.

Si avviarono lungo un sentiero sconosciuto dove altri avevano fallito.

Vydali sa neznámou cestou, kde iní zlyhali.

Percorsero in slitta settanta miglia lungo il fiume Yukon ghiacciato.

Sánkovali sa sedemdesiat míľ po zamrznutej rieke Yukon.

Girarono a sinistra e seguirono il sentiero verso lo Stewart.

Odbočili doľava a sledovali chodník do rieky Stewart.

Superarono il Mayo e il McQuestion e proseguirono oltre.

Minuli Mayo a McQuestion a pokračovali ďalej.

Lo Stewart si restringeva fino a diventare un ruscello, infilandosi tra cime frastagliate.

Rieka Stewart sa scvrkla na potok, vinúc sa cez ostré štíty.

Queste vette aguzze rappresentavano la spina dorsale del continente.

Tieto ostré vrcholy označovali samotnú chrbticu kontinentu.

John Thornton pretendeva poco dagli uomini e dalla terra selvaggia.

John Thornton od ľudí ani od divočiny veľa nevyžadoval.

Non temeva nulla della natura e affrontava la natura selvaggia con disinvoltura.

V prírode sa nebál ničoho a divočine čelil s ľahkosťou.

Con solo del sale e un fucile poteva viaggiare dove voleva.

Len so soľou a puškou mohol cestovať, kam chcel.

Come gli indigeni, durante il viaggio cacciava per procurarsi il cibo.

Rovnako ako domorodci, aj on počas cesty lovil potravu.

Se non prendeva nulla, continuava ad andare avanti, confidando nella fortuna che lo attendeva.

Ak nič nechytil, pokračoval ďalej a dôveroval šťastiu.

Durante questo lungo viaggio, la carne era l'alimento principale di cui si nutrivano.

Na tejto dlhej ceste jedli hlavne mäso.

La slitta trasportava attrezzi e munizioni, ma non c'era un orario preciso.

Sane niesli náradie a muníciu, ale nebol stanovený žiadny prísny časový harmonogram.

Buck amava questo vagabondare, la caccia e la pesca senza fine.

Buck miloval toto putovanie; nekonečný lov a rybolov.

Per settimane viaggiarono senza sosta, giorno dopo giorno.

Celé týždne cestovali deň za dňom.

Altre volte si accampavano e restavano fermi per settimane.

Inokedy si postavili tábory a zostali tam celé týždne.

I cani riposarono mentre gli uomini scavavano nel terreno ghiacciato.

Psy odpočívali, zatiaľ čo muži sa prehrabávali zamrznutou hlinou.

Scaldavano le padelle sul fuoco e cercavano l'oro nascosto.

Zohrievali panvice na ohni a hľadali skryté zlato.

C'erano giorni in cui pativano la fame, altri in cui banchettavano.

Niektoré dni hladovali a niektoré dni mali hostiny.

Il loro pasto dipendeva dalla selvaggina e dalla fortuna della caccia.

Ich jedlo záviselo od zveri a šťastia pri love.

Con l'arrivo dell'estate, uomini e cani caricavano carichi sulle spalle.

Keď prišlo leto, muži a psy si naložili bremená na chrbty.

Fecero rafting sui laghi azzurri nascosti nelle foreste di montagna.

Splavovali modré jazerá ukryté v horských lesoch.

Navigavano su imbarcazioni sottili su fiumi che nessun uomo aveva mai mappato.

Plavili sa na úzkych loďkách po riekach, ktoré nikto nikdy nezmapoval.

Quelle barche venivano costruite con gli alberi che avevano segato in natura.

Tie lode boli postavené zo stromov, ktoré pílili vo voľnej prírode.

Passarono i mesi e loro viaggiarono attraverso terre selvagge e sconosciute.

Mesiace plynuli a oni sa kľukato predierali divokou neznámou krajinou.

Non c'erano uomini lì, ma vecchie tracce lasciavano intendere che alcuni di loro fossero presenti.

Neboli tam žiadni muži, no staré stopy naznačovali, že tam boli.

Se la Capanna Perduta fosse esistita davvero, allora altre persone in passato erano passate da lì.

Ak Stratená chata bola skutočná, potom tadiaľto kedysi prešli aj iní.

Attraversavano passi alti durante le bufere di neve, anche d'estate.

Prechádzali cez vysoké priesmyky vo snehových búrkach, dokonca aj v lete.

Rabbrividivano sotto il sole di mezzanotte sui pendii brulli delle montagne.

Triasli sa pod polnočným slnkom na holých horských svahoch.

Tra il limite degli alberi e i campi di neve, salivano lentamente.

Medzi hranicou lesa a snehovými poľami pomaly stúpali.

Nelle valli calde, scacciavano nuvole di moscerini e mosche.

V teplých údoliach odháňali mračná komárov a múch.

Raccolsero bacche dolci vicino ai ghiacciai nel pieno della fioritura estiva.

Zbierali sladké bobule blízko ľadovcov v plnom letnom kvete.

I fiori che trovarono erano belli quanto quelli del Southland.

Kvety, ktoré našli, boli rovnako krásne ako tie v Juhu.

Quell'autunno giunsero in una regione solitaria piena di laghi silenziosi.

Na jeseň dorazili do opusteného kraja plného tichých jazier.

La terra era triste e vuota, un tempo brulicava di uccelli e animali.

Krajina bola smutná a prázdna, kedysi plná vtákov a zvierat.

Ora non c'era più vita, solo il vento e il ghiaccio che si formava nelle pozze.

Teraz tam nebol žiadny život, len vietor a ľad tvoriaci sa v jazierkach.

Le onde lambivano le rive deserte con un suono dolce e lugubre.

Vlny sa s jemným, smútočným zvukom narážali na prázdne brehy.

Arrivò un altro inverno e loro seguirono di nuovo deboli e vecchi sentieri.

Prišla ďalšia zima a oni opäť sledovali slabé, staré stopy.

Erano le tracce di uomini che avevano cercato molto prima di loro.

Boli to stopy mužov, ktorí hľadali dávno pred nimi.

Una volta trovarono un sentiero che si inoltrava nel profondo della foresta oscura.

Raz našli chodník vyrezaný hlboko do tmavého lesa.

Era un vecchio sentiero e sentivano che la baita perduta era vicina.

Bol to starý chodník a mali pocit, že stratená chata je blízko.

Ma il sentiero non portava da nessuna parte e si perdeva nel fitto del bosco.

Ale chodník nikam neviedol a mizol v hustom lese.

Nessuno sapeva chi avesse tracciato il sentiero e perché lo avesse fatto.

Ktokoľvek vybudoval chodník a prečo ho vybudoval, nikto nevedel.

Più tardi trovarono i resti di una capanna nascosta tra gli alberi.

Neskôr našli vrak chaty ukrytý medzi stromami.

Coperte marce erano sparse dove un tempo qualcuno aveva dormito.

Tam, kde kedysi niekto spal, ležali rozhnité prikrývky.

John Thornton trovò sepolto all'interno un fucile a pietra focaia a canna lunga.

John Thornton našiel vo vnútri zakopanú kresadlovú zbraň s dlhou hlavňou.

Sapeva fin dai primi tempi che si trattava di un cannone della Hudson Bay.

Vedel, že ide o delo z Hudsonovho zálivu už od začiatkov obchodovania.

A quei tempi, tali armi venivano barattate con pile di pelli di castoro.

V tých časoch sa takéto zbrane vymieňali za kopy bobrích koží.

Questo era tutto: non rimaneva alcuna traccia dell'uomo che aveva costruito la loggia.

To bolo všetko – nezostala žiadna stopa po mužovi, ktorý postavil chatu.

Arrivò di nuovo la primavera e non trovarono traccia della Capanna Perduta.

Jar prišla znova a po Stratenej chate nenašli ani stopu.

Invece trovarono un'ampia valle con un ruscello poco profondo.

Namiesto toho našli široké údolie s plytkým potokom.

L'oro si stendeva sul fondo della pentola come burro giallo e liscio.

Zlato ležalo na dne panvíc ako hladké žlté maslo.

Si fermarono lì e non cercarono oltre la cabina.

Zastavili sa tam a ďalej nehľadali chatu.

Ogni giorno lavoravano e ne trovavano migliaia di pezzi in polvere d'oro.

Každý deň pracovali a nachádzali tisíce v zlatom prachu.

Confezionarono l'oro in sacchi di pelle di alce, da cinquanta libbre ciascuno.

Zlato balili do vriec z losej kože, každé s hmotnosťou päťdesiat libier.

I sacchi erano accatastati come legna da ardere fuori dal loro piccolo rifugio.

Vrecia boli naukladané ako drevo na kúrenie pred ich malou chatkou.

Lavoravano come giganti e i giorni trascorrevano veloci come sogni.

Pracovali ako obri a dni ubiehali ako rýchle sny.

Accumularono tesori mentre gli infiniti giorni trascorrevano rapidamente.

Zhromažďovali poklady, zatiaľ čo nekonečné dni rýchlo ubiehali.

I cani avevano ben poco da fare, se non trasportare la carne di tanto in tanto.

Psy nemali veľa čo robiť, okrem toho, že občas nosili mäso.

Thornton cacciò e uccise la selvaggina, mentre Buck si sdraiò accanto al fuoco.

Thornton lovil a zabíjal zver a Buck ležal pri ohni.

Trascorse lunghe ore in silenzio, perso nei pensieri e nei ricordi.

Trávil dlhé hodiny v tichu, ponorený do myšlienok a spomienok.

L'immagine dell'uomo peloso tornava sempre più spesso alla mente di Buck.

Buckovi sa čoraz častejšie vynárala predstava chlpatého muža.

Ora che il lavoro scarseggiava, Buck sognava mentre sbatteva le palpebre verso il fuoco.

Teraz, keď bolo práce málo, Buck sníval a žmurkal do ohňa.

In quei sogni, Buck vagava con l'uomo in un altro mondo.

V tých snoch sa Buck túlal s mužom v inom svete.

La paura sembrava il sentimento più forte in quel mondo lontano.

Strach sa zdal byť najsilnejším pocitom v tom vzdialenom svete.

Buck vide l'uomo peloso dormire con la testa bassa.
Buck videl chlpatého muža spať so sklonenou hlavou.
Aveva le mani giunte e il suo sonno era agitato e interrotto.
Ruky mal zovreté a spánok nepokojný a prerušovaný.
Si svegliava di soprassalto e fissava il buio con timore.
Zvykol sa s trhnutím zobudiť a vystrašene hľadieť do tmy.
Poi aggiungeva altra legna al fuoco per mantenere viva la fiamma.
Potom prihádzal do ohňa viac dreva, aby plameň stále horel.
A volte camminavano lungo una spiaggia in riva a un mare grigio e infinito.
Niekedy sa prechádzali po pláži pri sivom, nekonečnom mori.
L'uomo peloso raccolse i frutti di mare e li mangiò mentre camminava.
Chlpatý muž si zbieral mäkkýše a jedol ich počas chôdze.
I suoi occhi cercavano sempre pericoli nascosti nell'ombra.
Jeho oči neustále hľadali skryté nebezpečenstvá v tieňoch.
Le sue gambe erano sempre pronte a scattare al primo segno di minaccia.
Jeho nohy boli vždy pripravené šprintovať pri prvom náznaku ohrozenia.
Avanzavano furtivamente nella foresta, silenziosi e cauti, uno accanto all'altro.
Plazili sa lesom, ticho a ostražito, bok po boku.
Buck lo seguì alle calcagna, ed entrambi rimasero all'erta.
Buck ho nasledoval v pätách a obaja zostali ostražití.
Le loro orecchie si muovevano e si contraevano, i loro nasi fiutavano l'aria.
Uši im mykali a hýbali sa, nosy oňuchávali vzduch.
L'uomo riusciva a sentire e ad annusare la foresta in modo altrettanto acuto quanto Buck.
Muž počul a cítil les rovnako ostro ako Buck.
L'uomo peloso si lanciò tra gli alberi a velocità improvvisa.
Chlpatý muž sa s náhlou rýchlosťou prehnal pomedzi stromy.
Saltava da un ramo all'altro senza mai perdere la presa.
Skákal z konára na konár a nikdy sa nestratil zovretia.

Si muoveva con la stessa rapidità con cui si muoveva sopra e sopra il terreno.

Pohyboval sa nad zemou rovnako rýchlo ako po nej.

Buck ricordava le lunghe notti passate sotto gli alberi a fare la guardia.

Buck si spomenul na dlhé noci pod stromami, keď strážil.

L'uomo dormiva appollaiato sui rami, aggrappandosi forte.

Muž spal schúlený v konároch a pevne sa ich držal.

Questa visione dell'uomo peloso era strettamente legata al richiamo profondo.

Táto vízia chlpatého muža bola úzko spätá s hlbokým volaním.

Il richiamo risuonava ancora nella foresta con una forza inquietante.

Volanie stále znelo lesom s prenikavou silou.

La chiamata riempì Buck di desiderio e di un inquieto senso di gioia.

Hovor naplnil Bucka túžbou a nepokojným pocitom radosti.

Sentì strani impulsi e stimoli a cui non riusciva a dare un nome.

Cítil zvláštne nutkania a impulzy, ktoré nevedel pomenovať.

A volte seguiva la chiamata inoltrandosi nel silenzio dei boschi.

Niekedy nasledoval volanie hlboko do tichého lesa.

Cercava il richiamo, abbaiando piano o bruscamente mentre camminava.

Hľadal volanie, štekajúc potichu alebo ostro, ako sa pohyboval.

Annusò il muschio e il terreno nero dove cresceva l'erba.

Ovoňal mach a čiernu pôdu, kde rástli trávy.

Sbuffò di piacere sentendo i ricchi odori della terra profonda.

Od slastného odfrkol pri pohľade na bohatú vôňu hlbokej zeme.

Rimase accovacciato per ore dietro i tronchi ricoperti di funghi.

Hodiny sa krčil za kmeňmi pokrytými plesňou.

Rimase immobile, ascoltando con gli occhi sgranati ogni minimo rumore.

Zostal nehybne stáť a s doširoka otvorenými očami načúval každému najmenšiemu zvuku.

Forse sperava di sorprendere la cosa che aveva emesso la chiamata.

Možno dúfal, že prekvapí tú vec, ktorá zavolala.

Non sapeva perché si comportava in quel modo: lo faceva e basta.

Nevedel, prečo sa takto správal – jednoducho sa správal.

Questi impulsi provenivano dal profondo, al di là del pensiero o della ragione.

Tie nutkania prichádzali z hĺbky vnútra, z diaľky, spoza myslenia či rozumu.

Buck fu colto da impulsi irresistibili, senza preavviso o motivo.

Bucka sa zmocnili neodolateľné nutkania bez varovania a bezdôvodne.

A volte sonnecchiava pigramente nell'accampamento, sotto il caldo di mezzogiorno.

Občas lenivo driemal v tábore v poludňajšej horúčave.

All'improvviso sollevò la testa e le sue orecchie si drizzarono in allerta.

Zrazu zdvihol hlavu a nastražil uši.

Poi balzò in piedi e si lanciò nella natura selvaggia senza fermarsi.

Potom vyskočil a bez zastavenia sa rozbehol do divočiny.

Corse per ore attraverso sentieri forestali e spazi aperti.

Hodiny behal lesnými chodníkmi a otvorenými priestranstvami.

Amava seguire i letti asciutti dei torrenti e spiare gli uccelli sugli alberi.

Rád sledoval vyschnuté korytá potokov a pozoroval vtáky v korunách stromov.

Poteva restare nascosto tutto il giorno, osservando le pernici che si pavoneggiavano in giro.

Mohol by ležať skrytý celý deň a sledovať jarabice, ako sa prechádzajú okolo.

Suonavano i tamburi e marciavano, ignari della presenza immobile di Buck.

Bubnovali a pochodovali, nevnímajúc Buckovu stále prítomnosť.

Ma ciò che amava di più era correre al crepuscolo estivo.

Ale najviac miloval beh za súmraku v lete.

La luce fioca e i suoni assonnati della foresta lo riempivano di gioia.

Tlmené svetlo a ospalé lesné zvuky ho napĺňali radosťou.

Leggeva i cartelli della foresta con la stessa chiarezza con cui un uomo legge un libro.

Čítal lesné znaky rovnako jasne, ako človek číta knihu.

E cercava sempre la strana cosa che lo chiamava.

A stále hľadal tú zvláštnu vec, ktorá ho volala.

Quella chiamata non si è mai fermata: lo raggiungeva sia da sveglio che nel sonno.

To volanie nikdy neprestávalo – dosahovalo ho, či už bol bdelý alebo spal.

Una notte si svegliò di soprassalto, con gli occhi acuti e le orecchie tese.

Jednej noci sa s trhnutím zobudil, s ostrým zrakom a nastraženými ušami.

Le sue narici si contrassero mentre la sua criniera si rizzava in onde.

Nozdry sa mu mykli, keď sa mu hriva vlnila.

Dal profondo della foresta giunse di nuovo quel suono, il vecchio richiamo.

Z hlboka lesa sa opäť ozval zvuk, staré volanie.

Questa volta il suono risuonò chiaro, un ululato lungo, inquietante e familiare.

Tentoraz zvuk zaznel jasne, dlhé, prenikavé, známe zavýjanie.

Era come il verso di un husky, ma dal tono strano e selvaggio.

Bolo to ako krik huskyho, ale zvláštny a divoký tón.

Buck riconobbe subito quel suono: lo aveva già sentito molto tempo prima.

Buck ten zvuk hneď spoznal – presne ten istý zvuk počul už dávno.

Attraversò con un balzo l'accampamento e scomparve rapidamente nel bosco.

Preskočil tábor a rýchlo zmizol v lese.

Avvicinandosi al suono, rallentò e si mosse con cautela.

Ako sa blížil k zvuku, spomalil a pohyboval sa opatrne.

Presto raggiunse una radura tra fitti pini.

Čoskoro dorazil na čistinku medzi hustými borovicami.

Lì, ritto sulle zampe posteriori, sedeva un lupo grigio alto e magro.

Tam, vzpriamene na zadných nohách, sedel vysoký, štíhly lesný vlk.

Il naso del lupo puntava verso il cielo, continuando a riecheggiare il richiamo.

Vlčí ňufák smeroval k nebu a stále odrážal volanie.

Buck non aveva emesso alcun suono, eppure il lupo si fermò e ascoltò.

Buck nevydal ani hlásku, no vlk sa zastavil a načúval.

Percependo qualcosa, il lupo si irrigidì e scrutò l'oscurità.

Vlk niečo vycítil, napol sa a hľadal v tme.

Buck si fece avanti furtivamente, con il corpo basso e i piedi ben appoggiati al terreno.

Buck sa vkradol do zorného poľa, telom pri zemi, nohy ticho na zemi.

La sua coda era dritta e il suo corpo era teso e teso.

Jeho chvost bol rovný, telo pevne stočené napätím.

Manifestava sia un atteggiamento minaccioso che una sorta di rude amicizia.

Prejavoval hrozbu aj akési drsné priateľstvo.

Era il saluto cauto tipico delle bestie selvatiche.

Bol to ostražitý pozdrav, aký zdieľajú divé zvieratá.

Ma il lupo si voltò e fuggì non appena vide Buck.

Ale vlk sa otočil a utiekol hneď ako zbadal Bucka.

Buck si lanciò all'inseguimento, saltando selvaggiamente, desideroso di raggiungerlo.

Buck ho prenasledoval, divoko skákal a dychtivo ho dobehol.

Seguì il lupo in un ruscello secco bloccato da un ingorgo di tronchi.

Nasledoval vlka do vyschnutého potoka, ktorý zablokovala drevená zápcha.

Messo alle strette, il lupo si voltò e rimase fermo.

Zahnaný do kúta, vlk sa otočil a zostal stáť na mieste.

Il lupo ringhiò e schioccò i denti come un husky intrappolato in una rissa.

Vlk zavrčal a šľahal ako chytený husky v boji.

I denti del lupo schioccarono rapidamente e il suo corpo si irrigidì per la furia selvaggia.

Vlčie zuby rýchlo cvakali a telo mu sršalo divokou zúrivosťou.

Buck non attaccò, ma girò intorno al lupo con attenta cordialità.

Buck nezaútočil, ale s opatrnou a priateľskou starostlivosťou obišiel vlka.

Cercò di bloccargli la fuga con movimenti lenti e innocui.

Snažil sa mu zablokovať únik pomalými, neškodnými pohybmi.

Il lupo era cauto e spaventato: Buck lo superava di peso tre volte.

Vlk bol ostražitý a vystrašený – Buck ho trikrát prevážil.

La testa del lupo arrivava a malapena all'altezza della spalla massiccia di Buck.

Vlčia hlava sotva siahala Buckovi po mohutné plece.

Il lupo, attento a individuare un varco, si lanciò e l'inseguimento ricominciò.

Vlk hľadal medzeru, utiekol a naháňačka sa začala znova.

Buck lo mise alle strette più volte e la danza si ripeté.

Buck ho niekoľkokrát zahnal do kúta a tanec sa opakoval.

Il lupo era magro e debole, altrimenti Buck non avrebbe potuto catturarlo.

Vlk bol chudý a slabý, inak by ho Buck nemohol chytiť.

Ogni volta che Buck si avvicinava, il lupo si girava di scatto e lo affrontava spaventato.

Zakaždým, keď sa Buck priblížil, vlk sa otočil a vystrašene sa mu postavil tvárou v tvár.

Poi, alla prima occasione, si precipitò di nuovo nel bosco.

Potom pri prvej príležitosti opäť utekal do lesa.

Ma Buck non si arrese e alla fine il lupo imparò a fidarsi di lui.

Ale Buck sa nevzdal a vlk mu nakoniec začal dôverovať.

Annusò il naso di Buck e i due diventarono giocosi e attenti.

Ovoňal Buckov nos a obaja sa hravo a ostražito zahrial.

Giocavano come animali selvaggi, feroci ma timidi nella loro gioia.

Hrali sa ako divé zvieratá, divoké, no zároveň plaché vo svojej radosti.

Dopo un po' il lupo trotterellò via con calma e decisione.

Po chvíli vlk s pokojným a cieľavedomým odklusom odišiel.

Dimostrò chiaramente a Buck che intendeva essere seguito.

Jasne Buckovi ukázal, že ho chce sledovať.

Correvano fianco a fianco nel buio della sera.

Bežali bok po boku šerom súmraku.

Seguirono il letto del torrente fino alla gola rocciosa.

Sledovali koryto potoka hore do skalnatej rokliny.

Attraversarono un freddo spartiacque nel punto in cui aveva avuto origine il fiume.

Prekročili studenú priepasť, kde sa začínal potok.

Sul pendio più lontano trovarono un'ampia foresta e molti corsi d'acqua.

Na ďalekom svahu našli rozsiahly les a mnoho potokov.

Corsero per ore senza fermarsi attraverso quella terra immensa.

Cez túto rozľahlú krajinu bežali celé hodiny bez zastavenia.

Il sole saliva sempre più alto, l'aria si faceva calda, ma loro continuavano a correre.

Slnko vystúpilo vyššie, vzduch sa otepľoval, ale oni bežali ďalej.

Buck era pieno di gioia: sapeva di aver risposto alla sua chiamata.

Bucka napĺňala radosť – vedel, že odpovedá na svoje volanie.

Corse accanto al fratello della foresta, più vicino alla fonte della chiamata.

Bežal vedľa svojho lesného brata, bližšie k zdroju volania.

I vecchi sentimenti ritornano, potenti e difficili da ignorare.

Staré city sa vrátili, silné a ťažko ignorovateľné.

Queste erano le verità nascoste nei ricordi dei suoi sogni.

Toto boli pravdy skryté za spomienkami z jeho snov.

Tutto questo lo aveva già fatto in un mondo lontano e oscuro.

Toto všetko už predtým robil vo vzdialenom a temnom svete.

Questa volta lo fece di nuovo, scatenandosi con il cielo aperto sopra di lui.

Teraz to urobil znova, divoko pobehoval s otvorenou oblohou nad sebou.

Si fermarono presso un ruscello per bere l'acqua fredda che scorreva.

Zastavili sa pri potoku, aby sa napili zo studenej tečúcej vody.

Mentre beveva, Buck si ricordò improvvisamente di John Thornton.

Keď pil, Buck si zrazu spomenul na Johna Thorntona.

Si sedette in silenzio, lacerato dal sentimento di lealtà e dalla chiamata.

Mlčky si sadol, rozorvaný túžbou po lojalite a povolaní.

Il lupo continuò a trottare, ma tornò indietro per incitare Buck ad andare avanti.

Vlk klusal ďalej, ale vrátil sa, aby popohnal Bucka dopredu.

Gli annusò il naso e cercò di convincerlo con gesti gentili.

Ošúchal si nos a jemnými gestami sa ho snažil presvedčiť.

Ma Buck si voltò e riprese a tornare indietro per la strada da cui era venuto.

Ale Buck sa otočil a vydal sa späť tou istou cestou, ktorou prišiel.

Il lupo gli corse accanto per molto tempo, guaindo piano.

Vlk dlho bežal vedľa neho a ticho kňučal.

Poi si sedette, alzò il naso ed emise un lungo ululato.

Potom si sadol, zdvihol nos a vydal dlhý výkrik.

Era un grido lugubre, che si addolcì mentre Buck si allontanava.

Bol to smútočný plač, ktorý zmierňoval, keď Buck odchádzal.

Buck ascoltò mentre il suono del grido svaniva lentamente nel silenzio della foresta.

Buck počúval, ako zvuk kriku pomaly doznieval v lesnom tichu.

John Thornton stava cenando quando Buck irruppe nell'accampamento.

John Thornton práve večeral, keď Buck vtrhol do tábora.

Buck gli saltò addosso selvaggiamente, leccandolo, mordendolo e facendolo rotolare.

Buck naňho divoko skočil, olizoval ho, hrýzol a prevrátil ho.

Lo fece cadere, gli saltò sopra e gli baciò il viso.

Zrazil ho na zem, vyškriabal sa naňho a pobozkal ho na tvár.

Thornton lo definì con affetto "fare il buffone".

Thornton to s láskou nazval „hraním si rolu všeobecného blázna".

Nel frattempo, imprecava dolcemente contro Buck e lo scuoteva avanti e indietro.

Celý čas jemne preklínal Bucka a triasol ním sem a tam.

Per due interi giorni e due notti, Buck non lasciò l'accampamento nemmeno una volta.

Celé dva dni a noci Buck ani raz neopustil tábor.

Si teneva vicino a Thornton e non lo perdeva mai di vista.

Držal sa blízko Thorntona a nikdy ho nespúšťal z dohľadu.

Lo seguiva mentre lavorava e lo osservava mentre mangiava.

Nasledoval ho pri práci a pozoroval ho, kým jedol.

Di notte vedeva Thornton avvolto nelle sue coperte e ogni mattina lo vedeva uscire.

Večer videl Thorntona zabaleného v prikrývkach a každé ráno vonku.

Ma presto il richiamo della foresta ritornò, più forte che mai.

Ale lesné volanie sa čoskoro vrátilo, hlasnejšie ako kedykoľvek predtým.

Buck si sentì di nuovo irrequieto, agitato dal pensiero del lupo selvatico.

Buck sa opäť stal nepokojným, prebudený myšlienkami na divého vlka.

Ricordava la terra aperta e le corse fianco a fianco.

Spomenul si na otvorenú krajinu a na beh bok po boku.

Ricominciò a vagare nella foresta, solo e vigile.

Znova sa začal túlať lesom, sám a ostražitý.

Ma il fratello selvaggio non tornò e l'ululato non fu udito.

Ale divoký brat sa nevrátil a zavýjanie nebolo počuť.

Buck cominciò a dormire all'aperto, restando lontano anche per giorni interi.

Buck začal spať vonku a zostával preč aj celé dni.

Una volta attraversò l'alto spartiacque dove aveva origine il torrente.

Raz prekročil vysoký rozvodí, kde sa začínal potok.

Entrò nella terra degli alberi scuri e dei grandi corsi d'acqua.

Vstúpil do krajiny tmavých lesov a širokých potokov.

Vagò per una settimana alla ricerca di tracce del fratello selvaggio.

Týždeň sa túlal a hľadal stopy po svojom divokom bratovi.

Uccideva la propria carne e viaggiava a passi lunghi e instancabili.

Zabíjal si vlastné mäso a cestoval dlhými, neúnavnými krokmi.

Pescò salmoni in un ampio fiume che arrivava fino al mare.

V širokej rieke, ktorá siahala do mora, lovil lososy.

Lì lottò e uccise un orso nero reso pazzo dagli insetti.

Tam bojoval a zabil čierneho medveďa, ktorého rozzúrili chrobáky.

L'orso stava pescando e corse alla cieca tra gli alberi.

Medveď lovil ryby a naslepo bežal pomedzi stromy.

La battaglia fu feroce e risvegliò il profondo spirito combattivo di Buck.

Bitka bola zúrivá a prebudila Buckovu silnú bojovnú povahu.

Due giorni dopo, Buck tornò e trovò dei ghiottoni nei pressi della sua preda.

O dva dni neskôr sa Buck vrátil a pri svojej ulovenej zveri našiel vlkolaky.

Una dozzina di loro litigarono furiosamente e rumorosamente per la carne.

Tucet z nich sa hlučne a zúrivo hádalo o mäso.

Buck caricò e li disperse come foglie al vento.

Buck sa na nich vrhol a rozptýlil ich ako lístie vo vetre.

Due lupi rimasero indietro: silenziosi, senza vita e immobili per sempre.

Dvaja vlci zostali pozadu – ticho, bez života a navždy nehybne.

La sete di sangue divenne più forte che mai.

Smäd po krvi bol silnejší ako kedykoľvek predtým.

Buck era un cacciatore, un assassino, che si nutriva di creature viventi.

Buck bol lovec, zabijak, ktorý sa živil živými tvormi.

Sopravvisse da solo, affidandosi alla sua forza e ai suoi sensi acuti.

Prežil sám, spoliehajúc sa na svoju silu a bystré zmysly.

Prosperava nella natura selvaggia, dove solo i più forti potevano sopravvivere.

Darilo sa mu vo voľnej prírode, kde mohli žiť len tí najodolnejší.

Da ciò nacque un grande orgoglio che riempì tutto l'essere di Buck.

Z toho sa v Buckovi zjavila veľká hrdosť a naplnila celú jeho bytosť.

Il suo orgoglio traspariva da ogni passo, dal fremito di ogni muscolo.

Jeho hrdosť sa prejavovala v každom jeho kroku, v pohybe každého svalu.

Il suo orgoglio era evidente, come si vedeva dal suo comportamento.

Jeho hrdosť bola jasná ako reč, čo bolo vidieť v tom, ako sa niesol.

Persino il suo spesso mantello appariva più maestoso e splendeva di più.

Dokonca aj jeho hustá srsť vyzerala majestátnejšie a žiarila jasnejšie.

Buck avrebbe potuto essere scambiato per un lupo grigio gigante.

Bucka si mohli pomýliť s obrovským lesným vlkom.

A parte il marrone sul muso e le macchie sopra gli occhi.

Okrem hnedej farby na papuli a škvŕn nad očami.

E la striscia bianca di pelo che gli correva lungo il centro del petto.

A biely pruh srsti, ktorý mu tiahol stredom hrude.

Era addirittura più grande del più grande lupo di quella feroce razza.

Bol dokonca väčší ako najväčší vlk toho divokého plemena.

Suo padre, un San Bernardo, gli ha trasmesso la stazza e la corporatura robusta.

Jeho otec, svätý Bernard, mu dal veľkosť a mohutnú postavu.

Sua madre, una pastorella, plasmò quella mole conferendole la forma di un lupo.

Jeho matka, pastierka, vytvarovala túto masu do podoby vlka.

Aveva il muso lungo di un lupo, anche se più pesante e largo.

Mal dlhú papuľu vlka, hoci mohutnejšiu a širšiu.

La sua testa era quella di un lupo, ma di dimensioni enormi e maestose.

Jeho hlava bola vlčia, ale bola mohutná a majestátna.

L'astuzia di Buck era l'astuzia del lupo e della natura selvaggia.

Buckova prefíkanosť bola prefíkanosťou vlka a divočiny.

La sua intelligenza gli venne sia dal Pastore Tedesco che dal San Bernardo.

Jeho inteligencia pochádzala od nemeckého ovčiaka aj od bernardina.

Tutto ciò, unito alla dura esperienza, lo rese una creatura temibile.

Toto všetko, plus drsné skúsenosti, z neho urobili desivého tvora.

Era formidabile quanto qualsiasi animale che vagasse nelle terre selvagge del nord.

Bol rovnako impozantný ako ktorákoľvek iná beštia, ktorá sa potulovala severnou divočinou.

Nutrendosi solo di carne, Buck raggiunse l'apice della sua forza.

Buck žil len z mäsa a dosiahol vrchol svojej sily.

Trasudava potenza e forza maschile in ogni fibra del suo corpo.

V každom svojom vlákne prekypoval mocou a mužskou silou.

Quando Thornton gli accarezzò la schiena, i peli brillarono di energia.

Keď ho Thornton pohladil po chrbte, vlasy mu zaiskrili energiou.

Ogni capello scricchiolava, carico del tocco di un magnetismo vivente.

Každý vlas praskal, nabitý dotykom živého magnetizmu.

Il suo corpo e il suo cervello erano sintonizzati sulla tonalità più fine possibile.

Jeho telo a myseľ boli naladené na tú najjemnejšiu možnú frekvenciu.

Ogni nervo, ogni fibra e ogni muscolo lavoravano in perfetta armonia.

Každý nerv, vlákno a sval fungovali v dokonalej harmónii.

A qualsiasi suono o visione che richiedesse un intervento, rispondeva immediatamente.

Na akýkoľvek zvuk alebo pohľad, ktorý si vyžadoval akciu, okamžite reagoval.

Se un husky saltava per attaccare, Buck poteva saltare due volte più velocemente.

Ak by husky skočil do útoku, Buck by mohol skočiť dvakrát rýchlejšie.

Reagì più rapidamente di quanto gli altri potessero vedere o sentire.

Reagoval rýchlejšie, než ho ostatní stihli vidieť alebo počuť.

Percezione, decisione e azione avvennero tutte in un unico, fluido istante.

Vnímanie, rozhodnutie a čin prišli v jednom plynulom okamihu.

In realtà si tratta di atti separati, ma troppo rapidi per essere notati.

V skutočnosti boli tieto činy oddelené, ale príliš rýchle na to, aby si ich niekto všimol.

Gli intervalli tra questi atti erano così brevi che sembravano uno solo.

Medzery medzi týmito činmi boli také krátke, že sa zdali byť jedno.

I suoi muscoli e il suo essere erano come molle strettamente avvolte.

Jeho svaly a bytosť boli ako pevne stočené pružiny.

Il suo corpo traboccava di vita, selvaggia e gioiosa nella sua potenza.

Jeho telo prekypovalo životom, divoké a radostné vo svojej sile.

A volte aveva la sensazione che la forza stesse per esplodere completamente dentro di lui.

Občas mal pocit, akoby z neho tá sila úplne vytryskla.

"Non c'è mai stato un cane simile", disse Thornton un giorno tranquillo.

„Nikdy tu nebol taký pes," povedal Thornton jedného pokojného dňa.

I soci osservarono Buck uscire fiero dall'accampamento.

Partneri sledovali, ako Buck hrdo kráča z tábora.

"Quando è stato creato, ha cambiato il modo in cui un cane può essere", ha detto Pete.

„Keď bol stvorený, zmenil to, čím pes dokáže byť," povedal Pete.

"Per Dio! Lo penso anch'io", concordò subito Hans.

„Pri Ježišovi! Myslím si to aj ja," rýchlo súhlasil Hans.

Lo videro allontanarsi, ma non il cambiamento che avvenne dopo.

Videli ho odchádzať, ale nie zmenu, ktorá prišla potom.

Non appena entrò nel bosco, Buck si trasformò completamente.

Hneď ako Buck vošiel do lesa, úplne sa premenil.

Non marciava più, ma si muoveva come uno spettro selvaggio tra gli alberi.

Už nepochodoval, ale pohyboval sa ako divoký duch medzi stromami.

Divenne silenzioso, come un gatto, un bagliore che attraversava le ombre.

Zmĺkol, kráčal ako mačacie nohy, ako záblesk prechádzajúci tieňmi.

Usava la copertura con abilità, strisciando sulla pancia come un serpente.

Krytie používal šikovne, plazil sa po bruchu ako had.

E come un serpente, sapeva balzare in avanti e colpire in silenzio.

A ako had mohol vyskočiť dopredu a udrieť v tichosti.

Potrebbe rubare una pernice bianca direttamente dal suo nido nascosto.

Mohol ukradnúť kuriatku priamo z jej skrytého hniezda.

Uccideva i conigli addormentati senza emettere alcun suono.

Spiace králiky zabil bez jediného zvuku.

Riusciva a catturare gli scoiattoli a mezz'aria anche se fuggivano troppo lentamente.

Vedel chytiť veveričky vo vzduchu, keď utekali príliš pomaly.

Nemmeno i pesci nelle pozze riuscivano a sfuggire ai suoi attacchi improvvisi.

Ani ryby v jazierkach neunikli jeho náhlym úderom.

Nemmeno i furbi castori impegnati a riparare le dighe erano al sicuro da lui.

Ani šikovné bobry opravujúce priehrady pred ním neboli v bezpečí.

Uccideva per nutrirsi, non per divertirsi, ma preferiva uccidere le proprie vittime.

Zabíjal pre jedlo, nie pre zábavu – ale najviac mal rád svoje vlastné úlovky.

Eppure, un umorismo subdolo permeava alcune delle sue cacce silenziose.

Napriek tomu sa niektorými z jeho tichých lovov prelínal prefíkaný humor.

Si avvicinò furtivamente agli scoiattoli, solo per lasciarli scappare.

Prikradol sa blízko k veveričkám, len aby ich nechal utiecť.

Stavano per fuggire tra gli alberi, chiacchierando con rabbia e paura.

Chystali sa utiecť medzi stromy a štebotať od strachu a zúrivosti.

Con l'arrivo dell'autunno, le alci cominciarono ad apparire in numero maggiore.

S príchodom jesene sa losy začali objavovať vo väčšom počte.

Si spostarono lentamente verso le basse valli per affrontare l'inverno.

Pomaly sa presúvali do nízkych údolí, aby sa stretli so zimou.

Buck aveva già abbattuto un giovane vitello randagio.

Buck už ulovil jedno mladé, zatúlané teľa.

Ma lui desiderava ardentemente affrontare prede più grandi e pericolose.

Ale túžil čeliť väčšej a nebezpečnejšej koristi.

Un giorno, sul crinale, alla sorgente del torrente, trovò la sua occasione.

Jedného dňa na rozvodí, pri prameni potoka, našiel svoju šancu.

Una mandria di venti alci era giunta da terre boscose.

Z lesnatých oblastí prešlo stádo dvadsiatich losov.

Tra loro c'era un possente toro, il capo del gruppo.

Medzi nimi bol mocný býk; vodca skupiny.

Il toro era alto più di due metri e mezzo e appariva feroce e selvaggio.

Býk meral viac ako dva metre a vyzeral divoký a zúrivý.

Lanciò le sue grandi corna, le cui quattordici punte si diramavano verso l'esterno.

Hodil širokými parohmi, z ktorých sa štrnásť hrotov rozvetvovalo smerom von.

Le punte di quelle corna si estendevano per due metri.

Špičky týchto parohov sa natiahli na šírku sedem stôp.

I suoi piccoli occhi ardevano di rabbia quando vide Buck lì vicino.

Jeho malé oči horeli zúrivosťou, keď zbadal Bucka neďaleko.

Emise un ruggito furioso, tremando di rabbia e dolore.

Vydal zúrivý rev, triasol sa od zúrivosti a bolesti.

Vicino al suo fianco spuntava la punta di una freccia, appuntita e piumata.

Pri boku mu trčal hrot šípu, operený a ostrý.

Questa ferita contribuì a spiegare il suo umore selvaggio e amareggiato.

Táto rana pomohla vysvetliť jeho divokú, zatrpknutú náladu.

Buck, guidato dall'antico istinto di caccia, fece la sua mossa.

Buck, vedený starodávnym loveckým inštinktom, urobil svoj pohnúť.

Il suo obiettivo era separare il toro dal resto della mandria.

Jeho cieľom bolo oddeliť býka od zvyšku stáda.

Non era un compito facile: richiedeva velocità e una grande astuzia.

Nebola to ľahká úloha – vyžadovalo si to rýchlosť a prudkú prefíkanosť.

Abbaiava e danzava vicino al toro, appena fuori dalla sua portata.

Štekal a tancoval blízko býka, tesne mimo jeho dosahu.

L'alce si lanciò con enormi zoccoli e corna mortali.

Los sa vrhol s obrovskými kopytami a smrtiacimi parohmi.

Un colpo avrebbe potuto porre fine alla vita di Buck in un batter d'occhio.

Jeden úder mohol Buckov život ukončiť v okamihu.

Incapace di abbandonare la minaccia, il toro si infuriò.

Býk, neschopný nechať hrozbu za sebou, sa rozzúril.

Lui caricava con furia, ma Buck riusciva sempre a sfuggirgli.

Zúrivo sa vrhol do útoku, ale Buck sa vždy vyšmykol.

Buck finse di essere debole, allontanandosi ulteriormente dalla mandria.

Buck predstieral slabosť a lákal ho ďalej od stáda.

Ma i giovani tori sarebbero tornati alla carica per proteggere il capo.

Ale mladé býky sa chystali zaútočiť, aby ochránili vodcu.

Costrinsero Buck a ritirarsi e il toro a ricongiungersi al gruppo.

Prinútili Bucka ustúpiť a býka, aby sa opäť pridal k skupine.

C'è una pazienza nella natura selvaggia, profonda e inarrestabile.

V divočine existuje trpezlivosť, hlboká a nezastaviteľná.

Un ragno resta immobile nella sua tela per innumerevoli ore.

Pavúk čaká nehybne vo svojej sieti nespočetné hodiny.

Un serpente si avvolge su se stesso senza contrarsi e aspetta il momento giusto.

Had sa krúti bez myknutia a čaká, kým príde čas.

Una pantera è in agguato, finché non arriva il momento.

Panter číha v pasci, kým nepríde tá správna chvíľa.

Questa è la pazienza dei predatori che cacciano per sopravvivere.

Toto je trpezlivosť predátorov, ktorí lovia, aby prežili.

La stessa pazienza ardeva dentro Buck mentre gli restava accanto.

Tá istá trpezlivosť horela v Buckovi, keď zostal nablízku.

Rimase vicino alla mandria, rallentandone la marcia e incutendo timore.

Zostal blízko stáda, spomaľoval jeho pochod a vyvolával strach.

Provocava i giovani tori e molestava le mucche madri.

Dráždil mladé býky a obťažoval kravské matky.

Spinse il toro ferito in una rabbia ancora più profonda e impotente.

Zraneného býka dohnal k hlbšiemu, bezmocnému hnevu.

Per mezza giornata il combattimento si trascinò senza alcuna tregua.

Boj sa vliekol pol dňa bez akéhokoľvek prestávky.

Buck attaccò da ogni angolazione, veloce e feroce come il vento.

Buck útočil zo všetkých uhlov, rýchly a divoký ako vietor.

Impedì al toro di riposare o di nascondersi con la mandria.

Zabránil býkovi odpočívať alebo sa skrývať so svojím stádom.

Buck logorò la volontà dell'alce più velocemente del suo corpo.

Buck unavoval losovu vôľu rýchlejšie ako jeho telo.

Il giorno passò e il sole tramontò basso nel cielo a nord-ovest.

Deň ubehol a slnko kleslo nízko na severozápadnej oblohe.

I giovani tori tornarono più lentamente per aiutare il loro capo.

Mladé býky sa vracali pomalšie, aby pomohli svojmu vodcovi.

Erano tornate le notti autunnali e il buio durava ormai sei ore.

Jesenné noci sa vrátili a tma teraz trvala šesť hodín.

L'inverno li spingeva verso valli più sicure e calde.

Zima ich tlačila z kopca do bezpečnejších, teplejších údolí.

Ma non riuscirono comunque a sfuggire al cacciatore che li tratteneva.

Ale stále nemohli uniknúť lovcovi, ktorý ich zadržiaval.

Era in gioco solo una vita: non quella del branco, ma quella del loro capo.

V stávke bol len jeden život – nie život stáda, len život ich vodcu.

Ciò rendeva la minaccia lontana e non una loro preoccupazione urgente.

Vďaka tomu bola hrozba vzdialená a nebola ich naliehavým záujmom.

Col tempo accettarono questo prezzo e lasciarono che Buck prendesse il vecchio toro.

Časom túto cenu akceptovali a nechali Bucka, aby si vzal starého býka.

Mentre calava il crepuscolo, il vecchio toro rimase in piedi con la testa bassa.

Keď sa zotmelo, starý býk stál so sklonenou hlavou.

Guardò la mandria che aveva guidato svanire nella luce morente.

Sledoval, ako stádo, ktoré viedol, mizne v slabnúcom svetle.

C'erano mucche che aveva conosciuto, vitelli che un tempo aveva generato.

Boli tam kravy, ktoré poznal, teľatá, ktorých bol kedysi otcom.

C'erano tori più giovani con cui aveva combattuto e che aveva dominato nelle stagioni passate.

V minulých sezónach bojoval a vládol im s mladšími býkmi.

Non poteva seguirli, perché davanti a lui era di nuovo accovacciato Buck.

Nemohol ich nasledovať – pretože pred ním sa opäť krčil Buck.

Il terrore spietato e zannuto gli bloccava ogni via che potesse percorrere.

Nemilosrdný hrôzostrašný tesák mu blokoval každú cestu, ktorou by sa mohol vydať.

Il toro pesava più di trecento chili di potenza densa.

Býk vážil viac ako tri stovky kilogramov hustej sily.

Aveva vissuto a lungo e lottato duramente in un mondo di difficoltà.

Žil dlho a tvrdo bojoval vo svete plnom bojov.

Eppure, alla fine, la morte gli venne commessa da una bestia molto più bassa di lui.

No teraz, na konci, smrť prišla od beštie hlboko pod ním.

La testa di Buck non arrivò nemmeno alle enormi ginocchia noccate del toro.

Buckova hlava sa ani nezdvihla po býčie obrovské kolená s kĺbmi.

Da quel momento in poi, Buck rimase con il toro notte e giorno.

Od tej chvíle Buck zostával s býkom vo dne v noci.

Non gli dava mai tregua, non gli permetteva mai di brucare o bere.

Nikdy mu nedal oddych, nikdy mu nedovolil pásť sa ani piť.

Il toro cercò di mangiare giovani germogli di betulla e foglie di salice.

Býk sa snažil jesť mladé brezové výhonky a vŕbové listy.

Ma Buck lo scacciò, sempre all'erta e sempre all'attacco.

Ale Buck ho odohnal, vždy ostražitý a stále útočiaci.

Anche nei torrenti che scorrevano, Buck bloccava ogni assetato tentativo.

Dokonca aj pri kvapkajúcich potokoch Buck blokoval každý smädný pokus.

A volte, in preda alla disperazione, il toro fuggiva a tutta velocità.

Niekedy býk v zúfalstve utiekol plnou rýchlosťou.

Buck lo lasciò correre, avanzando tranquillamente dietro di lui, senza mai allontanarsi troppo.

Buck ho nechal bežať, pokojne klusal tesne za ním, nikdy nebol ďaleko.

Quando l'alce si fermò, Buck si sdraiò, ma rimase pronto.

Keď sa los zastavil, Buck si ľahol, ale zostal pripravený.

Se il toro provava a mangiare o a bere, Buck colpiva con tutta la sua furia.

Ak sa býk pokúsil jesť alebo piť, Buck udrel s plnou zúrivosťou.

La grande testa del toro si abbassava sotto le enormi corna.

Býčia veľká hlava klesla nižšie pod jeho mohutnými parohmi.

Il suo passo rallentò, il trotto divenne pesante, un'andatura barcollante.

Jeho tempo spomalilo, klus sa zmenil na ťažký; potkýnajúcu sa chôdzu.

Spesso restava immobile con le orecchie abbassate e il naso rivolto verso il terreno.

Často stál nehybne so sklopenými ušami a nosom pri zemi.

In quei momenti Buck si prese del tempo per bere e riposare.

Počas týchto chvíľ si Buck našiel čas na pitie a odpočinok.

Con la lingua fuori e gli occhi fissi, Buck sentì che la terra stava cambiando.

S vyplazeným jazykom a upretým pohľadom Buck cítil, ako sa krajina mení.

Sentì qualcosa di nuovo muoversi nella foresta e nel cielo.

Cítil, ako sa lesom a oblohou hýbe niečo nové.

Con il ritorno delle alci tornarono anche altre creature selvatiche.

Ako sa vracali losy, vracali sa aj ďalšie divoké tvory.

La terra sembrava viva di una presenza invisibile ma fortemente nota.

Krajina sa cítila oživená prítomnosťou, neviditeľnou, no silne známou.

Buck non lo sapeva tramite l'udito, la vista o l'olfatto.

Buck to nevedel zvukom, zrakom ani čuchom.

Un sentimento più profondo gli diceva che nuove forze erano in movimento.

Hlbší zmysel mu hovoril, že sa hýbu nové sily.

Una strana vita si agitava nei boschi e lungo i corsi d'acqua.

V lesoch a pozdĺž potokov sa preháňal zvláštny život.

Decise di esplorare questo spirito una volta completata la caccia.

Rozhodol sa preskúmať tohto ducha po skončení lovu.

Il quarto giorno, Buck riuscì finalmente a catturare l'alce.

Na štvrtý deň Buck konečne ulovil losa.

Rimase nei pressi della preda per un giorno e una notte interi, nutrendosi e riposandosi.

Zostal pri úlovku celý deň a noc, kŕmil sa a odpočíval.

Mangiò, poi dormì, poi mangiò ancora, finché non fu forte e sazio.

Jedol, potom spal a potom znova jedol, až kým nebol silný a sýty.

Quando fu pronto, tornò indietro verso l'accampamento e Thornton.

Keď bol pripravený, otočil sa späť k táboru a Thorntonu.

Con passo costante iniziò il lungo viaggio di ritorno verso casa.

Stabilným tempom sa vydal na dlhú cestu domov.

Correva con la sua andatura instancabile, ora dopo ora, senza mai smarrirsi.

Bežal neúnavne, hodinu za hodinou, a ani raz neodbočil z cesty.

Attraverso terre sconosciute, si muoveva dritto come l'ago di una bussola.

Cez neznáme krajiny sa pohyboval priamočiaro ako ihla kompasu.

Il suo senso dell'orientamento faceva sembrare deboli, al confronto, l'uomo e la mappa.

Jeho zmysel pre orientáciu v porovnaní s ním spôsoboval, že človek a mapa vyzerali slabšie.

Mentre Buck correva, sentiva sempre più forte l'agitazione nella terra selvaggia.

Ako Buck bežal, silnejšie cítil ruch v divočine.

Era un nuovo tipo di vita, diverso da quello dei tranquilli mesi estivi.

Bol to nový druh života, na rozdiel od života počas pokojných letných mesiacov.

Questa sensazione non giungeva più come un messaggio sottile o distante.

Tento pocit už neprichádzal ako jemné alebo vzdialené posolstvo.

Ora gli uccelli parlavano di questa vita e gli scoiattoli chiacchieravano.

Teraz vtáky hovorili o tomto živote a veveričky o ňom štebotali.

Persino la brezza sussurrava avvertimenti tra gli alberi silenziosi.

Dokonca aj vánok šepkal varovania cez tiché stromy.

Più volte si fermò ad annusare l'aria fresca del mattino.

Niekoľkokrát sa zastavil a nadýchol sa čerstvého ranného vzduchu.

Lì lesse un messaggio che lo fece fare un balzo in avanti più velocemente.

Prečítal si tam správu, ktorá ho prinútila rýchlejšie sa posunúť vpred.

Fu pervaso da un forte senso di pericolo, come se qualcosa fosse andato storto.

Naplnil ho ťažký pocit nebezpečenstva, akoby sa niečo pokazilo.

Temeva che la calamità stesse per arrivare, o che fosse già arrivata.

Bál sa, že prichádza – alebo už prišla – nešťastie.

Superò l'ultima cresta ed entrò nella valle sottostante.

Prešiel cez posledný hrebeň a vošiel do údolia pod ním.

Si muoveva più lentamente, attento e cauto a ogni passo.

Pohyboval sa pomalšie, s každým krokom ostražitý a opatrný.

Dopo tre miglia trovò una pista fresca che lo fece irrigidire.

Po troch míľach našiel čerstvý chodník, ktorý ho prinútil stuhnúť.

I peli sul collo si rizzarono e si rizzarono in segno di allarme.

Vlasy pozdĺž krku sa mu zježili a zavlnili od poplachu.

Il sentiero portava dritto all'accampamento dove Thornton aspettava.

Chodník viedol priamo k táboru, kde čakal Thornton.

Buck ora si muoveva più velocemente, con passi silenziosi e rapidi.

Buck sa teraz pohyboval rýchlejšie, jeho krok bol tichý a rýchly zároveň.

I suoi nervi si irrigidirono mentre leggeva segnali che altri non avrebbero notato.

Jeho nervy sa napínali, keď čítal znamenia, ktoré si ostatní prehliadnu.

Ogni dettaglio del percorso raccontava una storia, tranne l'ultimo pezzo.

Každý detail na chodníku rozprával príbeh – okrem posledného kúska.

Il suo naso gli raccontò della vita che aveva trascorso lì.

Jeho nos mu rozprával o živote, ktorý tadiaľto prešiel.

L'odore gli fornì un'immagine mutevole mentre lo seguiva da vicino.

Vôňa mu vykresľovala meniaci sa obraz, keď ho tesne nasledoval.

Ma la foresta stessa era diventata silenziosa, innaturalmente immobile.

Ale samotný les stíchol; bol neprirodzene tichý.

Gli uccelli erano scomparsi, gli scoiattoli erano nascosti, silenziosi e immobili.

Vtáky zmizli, veveričky boli skryté, tiché a nehybné.

Vide solo uno scoiattolo grigio, sdraiato su un albero morto.

Videl iba jednu sivú veveričku, ležiacu na mŕtvom strome.

Lo scoiattolo si mimetizzava, rigido e immobile come una parte della foresta.

Veverička sa zmiešala s okolím, stuhnutá a nehybná ako súčasť lesa.

Buck si muoveva come un'ombra, silenzioso e sicuro tra gli alberi.

Buck sa pohyboval ako tieň, ticho a isto pomedzi stromy.

Il suo naso si mosse di lato come se fosse stato tirato da una mano invisibile.

Jeho nos sa mykol nabok, akoby ho potiahla neviditeľná ruka.

Si voltò e seguì il nuovo odore nel profondo di un boschetto.

Otočil sa a nasledoval novú vôňu hlboko do húštiny.

Lì trovò Nig, steso morto, trafitto da una freccia.

Tam našiel Niga, ležiaceho mŕtveho, prebodnutého šípom.

La freccia gli attraversò il corpo, lasciando ancora visibili le piume.

Šíp prešiel jeho telom, perie mu stále bolo vidieť.

Nig si era trascinato fin lì, ma era morto prima di riuscire a raggiungere i soccorsi.

Nig sa tam dotiahol sám, ale zomrel skôr, ako sa dostal k pomoci.

Cento metri più avanti, Buck trovò un altro cane da slitta.

O sto metrov ďalej Buck našiel ďalšieho saňového psa.

Era un cane che Thornton aveva comprato a Dawson City.

Bol to pes, ktorého Thornton kúpil v Dawson City.

Il cane lottava con tutte le sue forze, dimenandosi violentemente sul sentiero.

Pes sa zmietavo búšil na ceste a zmietavo sa túlal po nej.

Buck gli passò accanto senza fermarsi, con gli occhi fissi davanti a sé.

Buck ho obišiel, nezastavil sa a upieral oči pred seba.

Dalla direzione dell'accampamento proveniva un canto lontano e ritmico.

Z tábora sa ozýval vzdialený, rytmický spev.

Le voci si alzavano e si abbassavano con un tono strano, inquietante, cantilenante.

Hlasy sa dvíhali a klesali v zvláštnom, tajomnom, spevavom tóne.

Buck strisciò in silenzio fino al limite della radura.

Buck sa mlčky plazil dopredu k okraju čistinky.

Lì vide Hans disteso a faccia in giù, trafitto da numerose frecce.

Tam uvidel Hansa ležať tvárou dole, prebodnutého mnohými šípmi.

Il suo corpo sembrava quello di un porcospino, irto di penne.

Jeho telo vyzeralo ako dikobraz, posiate operenými šípmi.

Nello stesso momento, Buck guardò verso la capanna in rovina.

V tej istej chvíli sa Buck pozrel smerom k zrúcanej chatrči.

Quella vista gli fece rizzare i capelli sul collo e sulle spalle.

Pri tom pohľade mu zježili vlasy na krku a pleciach.

Un'ondata di rabbia selvaggia travolse tutto il corpo di Buck.

Buckovým telom prebehla búrka divokej zúrivosti.

Ringhiò forte, anche se non ne era consapevole.

Zavrčal nahlas, hoci nevedel, že to urobil.

Il suono era crudo, pieno di una furia terrificante e selvaggia.

Zvuk bol surový, plný desivej, divokej zúrivosti.

Per l'ultima volta nella sua vita, Buck perse la ragione a causa delle emozioni.

Buck naposledy v živote stratil dôvod na emócie.

Fu l'amore per John Thornton a spezzare il suo attento controllo.

Bola to láska k Johnovi Thorntonovi, ktorá prelomila jeho starostlivú sebakontrolu.

Gli Yeehats ballavano attorno alla baita in legno di abete rosso distrutta.

Yeehatovci tancovali okolo zničenej smrekovej chatrče.

Poi si udì un ruggito e una bestia sconosciuta si lanciò verso di loro.

Potom sa ozval rev – a neznáma beštia sa k nim vrhla.

Era Buck: una furia in movimento, una tempesta vivente di vendetta.

Bol to Buck; zúrivosť v pohybe; živá búrka pomsty.

Si gettò in mezzo a loro, folle di voglia di uccidere.

Vrhol sa medzi nich, zúfalý túžbou zabíjať.

Si lanciò contro il primo uomo, il capo Yeehat, e colpì nel segno.

Skočil na prvého muža, náčelníka Yeehatov, a udrel presne.

La sua gola era squarciata e il sangue schizzava a fiotti.

Mal roztrhané hrdlo a krv z neho striekala prúdom.

Buck non si fermò, ma con un balzo squarciò la gola dell'uomo successivo.

Buck sa nezastavil, ale jedným skokom roztrhol ďalšiemu mužovi hrdlo.

Era inarrestabile: squarciava, tagliava, non si fermava mai a riposare.

Bol nezastaviteľný – trhal, sekal a nikdy sa nezastavil na odpočinok.

Si lanciò e balzò così velocemente che le loro frecce non riuscirono a toccarlo.

Vrhol sa a skočil tak rýchlo, že sa ho ich šípy nemohli zasiahnuť.

Gli Yeehats erano in preda al panico e alla confusione.

Yeehatovcov zachvátila vlastná panika a zmätok.

Le loro frecce non colpirono Buck e si colpirono tra loro.

Ich šípy minuli Bucka a namiesto toho sa zasiahli jeden druhého.

Un giovane scagliò una lancia contro Buck e colpì un altro uomo.

Jeden mladík hodil po Buckovi kopiju a zasiahol ďalšieho muža.

La lancia gli trapassò il petto e la punta gli trafisse la schiena.

Oštep mu prenikol hruď a hrot mu vyrazil chrbát.

Il terrore travolse gli Yeehats, che si diedero alla ritirata.

Yeehatov zachvátil strach a oni sa dali na úplný ústup.

Urlarono allo Spirito Maligno e fuggirono nelle ombre della foresta.

Kričali na zlého ducha a utiekli do lesných tieňov.

Buck era davvero come un demone mentre inseguiva gli Yeehats.

Buck bol naozaj ako démon, keď prenasledoval Yeehatovcov.

Li inseguì attraverso la foresta, abbattendoli come cervi.

Prenasledoval ich lesom a zrážal ich k zemi ako jelene.

Divenne un giorno di destino e terrore per gli spaventati Yeehats.

Pre vystrašených Yeehatov sa to stal dňom osudu a hrôzy.

Si dispersero sul territorio, fuggendo in ogni direzione.

Rozpŕchli sa po krajine a utekali všetkými smermi.

Passò un'intera settimana prima che gli ultimi sopravvissuti si incontrassero in una valle.

Ubehol celý týždeň, kým sa poslední preživší stretli v údolí.

Solo allora contarono le perdite e raccontarono quanto accaduto.

Až potom spočítali svoje straty a hovorili o tom, čo sa stalo.

Buck, stanco dell'inseguimento, ritornò all'accampamento in rovina.

Buck sa po naháňaní unavil a vrátil sa do zničeného tábora.

Trovò Pete, ancora avvolto nelle coperte, ucciso nel primo attacco.

Našiel Peta, stále v prikrývkach, zabitého pri prvom útoku.

I segni dell'ultima lotta di Thornton erano visibili nella terra lì vicino.

V neďalekej hline boli viditeľné stopy Thorntonovho posledného boja.

Buck seguì ogni traccia, annusando ogni segno fino al punto finale.

Buck sledoval každú stopu, oňuchával každú značku až do posledného bodu.

Sul bordo di una profonda pozza trovò il fedele Skeet, immobile.

Na okraji hlbokého jazierka našiel verného Skeeta, ako nehybne leží.

La testa e le zampe anteriori di Skeet erano nell'acqua, immobili nella morte.

Skeetova hlava a predné labky boli vo vode, nehybné ako smrť.

La piscina era fangosa e contaminata dai liquidi di scarico delle chiuse.

Bazén bol kalný a znečistený odtokom z prepúšťacích kanálov.

La sua superficie torbida nascondeva ciò che si trovava sotto, ma Buck conosceva la verità.

Jeho zamračený povrch skrýval to, čo sa skrývalo pod ním, ale Buck poznal pravdu.

Seguì l'odore di Thornton nella piscina, ma non lo portò da nessun'altra parte.

Sledoval Thorntonov pach až do jazierka – ale pach ho nikam inam neviedol.

Non c'era alcun odore che provenisse, solo il silenzio dell'acqua profonda.

Neviedlo odtiaľ žiadne pachy – len ticho hlbokej vody.

Buck rimase tutto il giorno vicino alla piscina, camminando avanti e indietro per l'accampamento, addolorato.

Buck zostal celý deň pri jazierku a v smútku sa prechádzal po tábore.

Vagava irrequieto o sedeva immobile, immerso nei suoi pensieri.

Nepokojne sa túlal alebo sedel v tichu, ponorený do ťažkých myšlienok.

Conosceva la morte, la fine della vita, la scomparsa di ogni movimento.

Poznal smrť; koniec života; miznutie všetkého pohybu.

Capì che John Thornton se n'era andato e non sarebbe mai più tornato.

Chápal, že John Thornton je preč a už sa nikdy nevráti.

La perdita lasciò in lui un vuoto che pulsava come la fame.

Strata v ňom zanechala prázdne miesto, ktoré pulzovalo ako hlad.

Ma questa era una fame che il cibo non riusciva a placare, non importava quanto ne mangiasse.

Ale toto bol hlad, ktorý jedlo nedokázalo utíšiť, bez ohľadu na to, koľko ho zjedol.

A volte, mentre guardava i cadaveri di Yeehats, il dolore si attenuava.

Občas, keď sa pozrel na mŕtvych Yeehatovcov, bolesť pominula.

E poi dentro di lui nacque uno strano orgoglio, feroce e totale.

A potom sa v ňom zjavila zvláštna hrdosť, prudká a dokonalá.

Aveva ucciso l'uomo, la preda più alta e pericolosa di tutte.

Zabil človeka, čo bola najvyššia a najnebezpečnejšia zver zo všetkých.

Aveva ucciso in violazione dell'antica legge del bastone e della zanna.

Zabil v rozpore so starodávnym zákonom kyja a tesáka.

Buck annusò i loro corpi senza vita, curioso e pensieroso.

Buck zvedavo a zamyslene ovoňal ich bezvládne telá.

Erano morti così facilmente, molto più facilmente di un husky in combattimento.

Zomreli tak ľahko – oveľa ľahšie ako chrt v boji.

Senza le armi non avrebbero avuto vera forza né avrebbero rappresentato una minaccia.

Bez zbraní nemali žiadnu skutočnú silu ani hrozbu.

Buck non avrebbe più avuto paura di loro, a meno che non fossero stati armati.

Buck sa ich už nikdy nebude báť, pokiaľ nebudú ozbrojení.

Stava attento solo quando portavano clave, lance o frecce.

Dával si pozor iba vtedy, keď nosili kyjaky, oštepy alebo šípy.

Calò la notte e la luna piena spuntò alta sopra le cime degli alberi.

Padla noc a spln vyšiel vysoko nad vrcholky stromov.

La pallida luce della luna avvolgeva la terra in un tenue e spettrale chiarore, come se fosse giorno.

Bledé svetlo mesiaca zalialo zem jemnou, prízračnou žiarou podobnou dennému svitu.

Mentre la notte avanzava, Buck continuava a piangere presso la pozza silenziosa.

Ako sa noc prehlbovala, Buck stále smútil pri tichom jazierku.

Poi si accorse di un diverso movimento nella foresta.

Potom si uvedomil iný ruch v lese.

L'agitazione non proveniva dagli Yeehats, ma da qualcosa di più antico e profondo.

To rušenie nevychádzalo od Yeehatovcov, ale z niečoho staršieho a hlbšieho.

Si alzò in piedi, drizzò le orecchie e tastò con attenzione la brezza con il naso.

Postavil sa, zdvihol uši a opatrne ňufákom skúšal vánok.

Da lontano giunse un debole e acuto grido che squarciò il silenzio.

Z diaľky sa ozval slabý, ostrý výkrik, ktorý prerušil ticho.

Poi un coro di grida simili seguì subito dopo il primo.

Potom sa tesne za prvým ozval zbor podobných výkrikov.

Il suono si avvicinava sempre di più, diventando sempre più forte con il passare dei minuti.

Zvuk sa blížil a s každou chvíľou silnel.

Buck conosceva quel grido: proveniva da quell'altro mondo nella sua memoria.

Buck poznal tento výkrik – prichádzal z toho iného sveta v jeho pamäti.

Si recò al centro dello spazio aperto e ascoltò attentamente.

Prešiel do stredu otvoreného priestranstva a pozorne načúval.

L'appello risuonò più forte che mai, più sentito e più potente che mai.

Ozval sa hovor, mnohohlasný a mocnejší než kedykoľvek predtým.

E ora, più che mai, Buck era pronto a rispondere alla sua chiamata.

A teraz, viac ako kedykoľvek predtým, bol Buck pripravený odpovedať na svoje volanie.

John Thornton era morto e in lui non era rimasto alcun legame con l'uomo.

John Thornton bol mŕtvy a nezostalo v ňom žiadne puto s človekom.

L'uomo e tutte le pretese umane erano svaniti: era finalmente libero.

Človek a všetky ľudské nároky boli preč – konečne bol slobodný.

Il branco di lupi era a caccia di carne, proprio come un tempo avevano fatto gli Yeehats.

Vlčia svorka naháňala mäso ako kedysi Yeehatovia.

Avevano seguito le alci mentre scendevano dalle terre boscose.

Nasledovali losy dole z zalesnených oblastí.

Ora, selvaggi e affamati di prede, attraversarono la sua valle.

Teraz, divocí a hladní po koristi, prešli do jeho údolia.

Giunsero nella radura illuminata dalla luna, scorrendo come acqua argentata.

Vchádzali na mesačnou jaskyňu, prúdiac ako strieborná voda.

Buck rimase immobile al centro, in attesa.

Buck stál nehybne uprostred, nehybne a čakal na nich.

La sua presenza calma e imponente lasciò il branco senza parole, tanto da farlo restare per un breve periodo in silenzio.

Jeho pokojná, mohutná prítomnosť ohromila svorku a na chvíľu umlčala.

Allora il lupo più audace gli saltò addosso senza esitazione.

Potom najodvážnejší vlk bez váhania skočil priamo na neho.

Buck colpì rapidamente e spezzò il collo del lupo con un solo colpo.

Buck rýchlo udrel a jediným úderom zlomil vlkovi väz.

Rimase di nuovo immobile mentre il lupo morente si contorceva dietro di lui.

Znova stál bez pohnutia, zatiaľ čo sa umierajúci vlk krútil za ním.

Altri tre lupi attaccarono rapidamente, uno dopo l'altro.

Ďalší traja vlci rýchlo zaútočili, jeden po druhom.

Ognuno di loro si ritrasse sanguinante, con la gola o le spalle tagliate.

Každý ustúpil a krvácal, mali porezané hrdlo alebo ramená.

Ciò fu sufficiente a scatenare una carica selvaggia da parte dell'intero branco.

To stačilo na to, aby celá svorka vyvolala divoký útok.

Si precipitarono tutti insieme, troppo impazienti e troppo ammassati per colpire bene.

Vrútili sa dnu spolu, príliš nedočkaví a natlačení na to, aby dobre zasiahli.

La velocità e l'abilità di Buck gli permisero di anticipare l'attacco.

Buckova rýchlosť a zručnosť mu umožnili udržať si náskok pred útokom.

Girò sulle zampe posteriori, schioccando i denti e colpendo in tutte le direzioni.

Otočil sa na zadných nohách, šľahal a udieral na všetky strany.

Ai lupi sembrò che la sua difesa non si fosse mai aperta o avesse vacillato.

Vlkom sa zdalo, že jeho obrana sa nikdy neotvorila ani nezakolísala.

Si voltò e colpì così velocemente che non riuscirono a raggiungerlo alle spalle.

Otočil sa a sekol tak rýchlo, že sa k nemu nedokázali dostať.

Ciononostante, il loro numero lo costrinse a cedere terreno e a ritirarsi.

Napriek tomu ho ich počet prinútil ustúpiť a ustúpiť.

Superò la piscina e scese nel letto roccioso del torrente.

Prešiel okolo jazierka a zišiel do skalnatého koryta potoka.

Lì si imbatté in un ripido pendio di ghiaia e terra.

Tam narazil na strmý val zo štrku a hliny.

Si è infilato in un angolo scavato durante i vecchi scavi dei minatori.

Počas starého baníckeho kopania sa vkradol do rohového výkopu.

Ora, protetto su tre lati, Buck si trovava di fronte solo al lupo frontale.

Teraz, chránený z troch strán, Buck čelil iba prednému vlkovi.

Lì rimase in attesa, pronto per la successiva ondata di assalto.

Tam stál v núdzi, pripravený na ďalšiu vlnu útoku.

Buck mantenne la posizione con tanta ferocia che i lupi indietreggiarono.

Buck sa tak zúrivo držal na svojom mieste, že vlci cúvli.

Dopo mezz'ora erano sfiniti e visibilmente sconfitti.

Po polhodine boli vyčerpaní a viditeľne porazení.

Le loro lingue pendevano fuori e le loro zanne bianche brillavano alla luce della luna.

Ich jazyky viseli a ich biele tesáky sa leskli v mesačnom svite.

Alcuni lupi si sdraiano, con la testa alzata e le orecchie dritte verso Buck.

Niekoľko vlkov si ľahlo so zdvihnutými hlavami a nastraženými ušami smerom k Buckovi.

Altri rimasero immobili, attenti e osservarono ogni suo movimento.

Ostatní stáli nehybne, ostražito sledovali každý jeho pohyb.

Qualcuno si avvicinò alla piscina e bevve l'acqua fredda.

Niekoľko ľudí sa zatúlalo k bazénu a napilo sa studenej vody.

Poi un lupo grigio, lungo e magro, si fece avanti furtivamente, con passo gentile.

Potom sa jeden dlhý, štíhly sivý vlk ticho prikradol dopredu.

Buck lo riconobbe: era il fratello selvaggio di prima.

Buck ho spoznal – bol to ten divoký brat z predchádzajúcich čias.

Il lupo grigio uggiolò dolcemente e Buck rispose con un guaito.

Sivý vlk potichu zakňučal a Buck mu odpovedal kňučaním.

Si toccarono il naso, silenziosamente, senza timore o minaccia.

Dotkli sa nosmi, potichu a bez hrozby či strachu.

Poi venne un lupo più anziano, scarno e segnato dalle numerose battaglie.

Potom prišiel starší vlk, vychudnutý a zjazvený z mnohých bitiek.

Buck cominciò a ringhiare, ma si fermò e annusò il naso del vecchio lupo.

Buck začal vrčať, ale zastavil sa a ovoňal starého vlka k ňufáku.

Il vecchio si sedette, alzò il naso e ululò alla luna.

Starý si sadol, zdvihol nos a zavýjal na mesiac.

Il resto del branco si sedette e si unì al lungo ululato.

Zvyšok svorky si sadol a pridal sa k dlhému zavýjaniu.

E ora la chiamata giunse a Buck, inequivocabile e forte.

A teraz Buckovi prišlo volanie, nezameniteľné a silné.

Si sedette, alzò la testa e ululò insieme agli altri.

Sadol si, zdvihol hlavu a zavýjal spolu s ostatnými.

Quando l'ululato cessò, Buck uscì dal suo riparo roccioso.

Keď zavýjanie prestalo, Buck vyšiel zo svojho skalnatého úkrytu.

Il branco si strinse attorno a lui, annusando con gentilezza e cautela.

Svorka sa okolo neho zovrela a zároveň láskavo aj ostražito čuchala.

Allora i capi lanciarono un grido e si precipitarono nella foresta.

Potom vodcovia vyštekli a rozbehli sa do lesa.

Gli altri lupi li seguirono, guaendo in coro, selvaggi e veloci nella notte.

Ostatné vlky ich nasledovali a zborovo kvílili, divoko a rýchlo v noci.

Buck corse con loro, accanto al suo selvaggio fratello, ululando mentre correva.

Buck bežal s nimi vedľa svojho divokého brata a pri behu zavýjal.

Qui la storia di Buck giunge al termine.

Tu sa Buckov príbeh dobre končí.

Negli anni a seguire, gli Yeehats notarono degli strani lupi.

V nasledujúcich rokoch si Yeehatovci všimli zvláštnych vlkov.

Alcuni avevano la testa e il muso marroni e il petto bianco.

Niektoré mali hnedú farbu na hlave a papuli, bielu na hrudi.

Ma ancora di più temevano la presenza di una figura spettrale tra i lupi.

Ale ešte viac sa báli prízračnej postavy medzi vlkmi.

Parlavano a bassa voce del Cane Fantasma, il capo del branco.

Šepkajúc hovorili o Duchovom psovi, vodcovi svorky.

Questo Ghost Dog era più astuto del più audace cacciatore di Yeehat.

Tento duchský pes bol prefíkanejší ako najodvážnejší lovec Yeehatov.

Il cane fantasma rubava dagli accampamenti nel cuore dell'inverno e faceva a pezzi le loro trappole.

Duchovný pes kradol z táborov uprostred zimy a roztrhal im pasce.

Il cane fantasma uccise i loro cani e sfuggì alle loro frecce senza lasciare traccia.

Duchový pes zabil ich psy a unikol ich šípom bez stopy.

Perfino i guerrieri più coraggiosi avevano paura di affrontare questo spirito selvaggio.

Dokonca aj ich najodvážnejší bojovníci sa báli čeliť tomuto divokému duchu.

No, la storia diventa ancora più oscura con il passare degli anni trascorsi nella natura selvaggia.

Nie, príbeh sa stáva ešte temnejším, ako roky plynú v divočine.

Alcuni cacciatori scompaiono e non fanno più ritorno ai loro accampamenti lontani.

Niektorí lovci zmiznú a nikdy sa nevrátia do svojich vzdialených táborov.

Altri vengono trovati con la gola squarciata, uccisi nella neve.

Iní sú nájdení s roztrhanými hrdlami, zabití v snehu.

Intorno ai loro corpi ci sono delle impronte più grandi di quelle che un lupo potrebbe mai lasciare.

Okolo ich tiel sú stopy – väčšie, než by dokázal vytvoriť ktorýkoľvek vlk.

Ogni autunno, gli Yeehats seguono le tracce dell'alce.

Každú jeseň Yeehati sledujú stopu losa.

Ma evitano una valle perché la paura è scolpita nel profondo del loro cuore.

Ale jednému údolí sa vyhýbajú so strachom vrytým hlboko do sŕdc.

Si dice che la valle sia stata scelta dallo Spirito Maligno come sua dimora.

Hovorí sa, že toto údolie si za svoj domov vybral zlý duch.

E quando la storia viene raccontata, alcune donne piangono accanto al fuoco.

A keď sa príbeh rozpráva, niektoré ženy plačú pri ohni.

Ma d'estate, c'è un visitatore che giunge in quella valle sacra e silenziosa.

Ale v lete do toho tichého, posvätného údolia prichádza jeden návštevník.

Gli Yeehats non lo conoscono e non potrebbero capirlo.

Yeehati o ňom nevedia, ani by ho nemohli pochopiť.

Il lupo è un animale grandioso, ricoperto di gloria, come nessun altro della sua specie.

Vlk je skvelý, oslávený, ako žiadny iný svojho druhu.

Lui solo attraversa il bosco verde ed entra nella radura della foresta.

On sám prechádza cez zelený les a vstupuje na lesnú čistinku.

Lì, la polvere dorata contenuta nei sacchi di pelle d'alce si infiltra nel terreno.

Tam sa do pôdy vsiakne zlatý prach z vriec z losej kože.

L'erba e le foglie vecchie hanno nascosto il giallo del sole.

Tráva a staré listy skryli žltú farbu pred slnkom.

Qui il lupo resta in silenzio, pensando e ricordando.

Tu vlk stojí v tichu, premýšľa a spomína.

Urla una volta sola, a lungo e lugubremente, prima di girarsi e andarsene.

Raz zavyje – dlho a žalostne – než sa otočí, aby odišiel.

Ma non è sempre solo nella terra del freddo e della neve.

Napriek tomu nie je v krajine chladu a snehu vždy sám.

Quando le lunghe notti invernali scendono sulle valli più basse.

Keď dlhé zimné noci zostúpia na dolné údolia.

Quando i lupi seguono la selvaggina attraverso il chiaro di luna e il gelo.

Keď vlci sledujú zver v mesačnom svite a mraze.

Poi corre in testa al gruppo, saltando in alto e in modo selvaggio.

Potom beží na čele svorky, vysoko a divoko skáče.

La sua figura svetta sulle altre, la sua gola risuona di canto.

Jeho postava sa týči nad ostatnými, z hrdla mu znie pieseň.

È il canto del mondo più giovane, la voce del branco.

Je to pieseň mladšieho sveta, hlas svorky.

Canta mentre corre: forte, libero e per sempre selvaggio.

Spieva, zatiaľ čo beží – silný, slobodný a navždy divoký.